짝 단어로 느끼는 colocation

바쁜 친구들이 즐거워지는
빠른 학습법

바빠

3·4
학년용

초등 영단어

warm — spring   flower — garden

이지스에듀

지은이 | **한동오**

한동오 선생님은 제 7차 영어 교과서 개발에 참여한 바 있으며, 영어 교육 과정과 학교 시험에 정통한 영어 교육 전문가이다. KD 강남대치영어학원 원장을 역임하였고, 잠실 럭스어학원을 기획 설립하였다. 치열한 영어 학원가에서도 잘 가르치기로 소문난 명강사이며, 메타교육 컨설팅 연구소 대표이기도 하다.

미국 예일대학교 디베이트 협회(YDSL)와 ASFL 영어 디베이트 협회가 연계한 Coach 및 Judge 자격을 가지고 있으며, 영어 디베이트 대회 심사위원으로 활동하였다. 여러 권의 영어 분야 베스트셀러를 집필한 저자이기도 하다. 그동안 개발한 교재는 국내뿐만 아니라 미주 지역, 대만, 태국, 중국 등지에서 사용되었으며, 캐나다 교육청(Fraser Cascade School Board)으로부터 프로그램 교류에 대한 감사장을 받았다. 또한 영어 학습법 분야에서 발명 특허를 다수 획득하였으며 대한민국 발명가 대상, 국제 지식 저작권 협회장상, 캐나다 선진 기술 협회 특별상 등을 수상하였다. 그리고 학습법 발명 및 집필 공로로 대한민국 교육 분야 신지식인으로 공식 선정되었다.

그동안의 경험을 집대성해, 《짝 단어로 끝내는 바빠 초등 영단어-5·6학년용》과 《짝 단어로 끝내는 바빠 초등 영단어-3·4학년용》에 학생들이 영단어 학습을 효율적으로 할 수 있는 노하우를 담았다.

저서로는 《기적의 파닉스》 《중학영어듣기 모의고사》 《진짜진짜 사이트워드》 등 다수가 있다.

지은이 | **3E 영어 연구소**

3E 영어 연구소는 Effective Educational Experiences의 약자로, 단순히 지식을 전달하는 것에 그치지 않고, 학습자가 지식을 흡수하는 과정까지 고려해 가장 효율적인 영어 학습 경험을 제공하기 위해 연구하는 이지스에듀 부설 연구소이다.

짝 단어로 끝내는 **바빠** 초등 영단어 ◀3·4학년용

(이 책은 2016년에 4월에 출간한 '바쁜 3·4학년을 위한 빠른 영단어'를 보완해 개정한 판입니다.)

초판 인쇄 2024년 3월 25일
초판 2쇄 2024년 5월 31일
지은이 한동오
발행인 이지연
펴낸곳 이지스퍼블리싱(주)
출판사 등록번호 제313-2010-123호
주소 서울시 마포구 잔다리로 109 이지스 빌딩 5층(우편번호 04003)
대표전화 02-325-1722   팩스 02-326-1723
이지스퍼블리싱 홈페이지 www.easyspub.com   이지스에듀 카페 www.easysedu.co.kr
바빠 아지트 블로그 blog.naver.com/easyspub   인스타그램 @easys_edu
페이스북 www.facebook.com/easyspub2014   이메일 service@easyspub.co.kr

본부장 조은미   기획 및 책임 편집 이지혜 | 정지연, 박지연, 김현주   표지 및 내지 디자인 손한나, 김민균
조판 트인글터, 김민균   일러스트 김학수   인쇄 js프린팅   독자 지원 오경신, 박애림
영업 및 문의 이주동, 김요한(support@easyspub.co.kr)   마케팅 박정현, 한송이, 이나리

ISBN 979-11-6303-554-1 63740
가격 15,000원

• **이지스에듀**는 이지스퍼블리싱(주)의 교육 브랜드입니다.
(이지스에듀는 학생들을 탈락시키지 않고 모두 목적지까지 데려가는 책을 만듭니다!)

"

펑펑 쏟아져야 눈이 쌓이듯,
공부도 집중해야 실력이 쌓인다.

"

초등학교 선생님부터 어문학 교수까지 명강사들이 적극 추천한
'바빠 초등 영단어 - 3·4학년용'

원어민처럼 영어를 이해하려면
짝 단어가 해답!

단어를 하나씩 따로 암기하면 그 단어의 느낌을 제대로 이해하기 힘듭니다. 또 원어민의 방식대로 언어를 이해하려면 그 단어가 어떤 단어와 연결되는지 알아야 하는데, 이때 콜로케이션(짝 단어)이 그 해답입니다.

Kesting 교수님(강원대학교 독어독문학과)

초등학교 때부터 평생 영어 학습까지
도움이 되는 책!

짝 단어 학습법은 개별 단어로 외울 때보다 훨씬 더 쓰임이 많고 효율적입니다.
초등학교 때 짝 단어로 기초를 쌓아 놓으면 초·중등 교과 과정, 수능 그리고 평생 영어 학습까지 도움이 되리라고 확신합니다.

김혜정 교수님(광주 여자 대학교 글로벌 영어교육학과)

단어뿐만 아니라 영어 실력을
골고루 향상시켜 줄 책!

이 책은 단어를 단순 암기가 아닌 짝 단어와 이미지 연상법을 통해 가장 효율적으로 기억하게 하고 단어 학습뿐만 아니라 독해와 영작, 더 나아가 영어 실력을 향상시켜 줄 것입니다.

유요셉 선생님(강남구청 인터넷수능 방송 중등 영어 강의)

장기 기억으로 이어지게 설계된
과학적인 어휘 책!

많은 학생들이 영단어를 외웠어도 장기 기억으로 이어지지 않아 힘들어 합니다. 이 책은 두뇌를 자극하는 과학적 방법이 총동원되어 오래 기억할 수 있도록 설계된 효과적인 어휘 책입니다.

허성원 원장님(허성원 어학원/YBM 잉글루 인창2학원)

자연스러운 복습으로
자신감과 성취감을 맛볼 수 있는 책!

이 책은 주제별로 단원이 이루어져 있고, 단원 별로 주제와 관련된 8개의 단어를 공부한 다음, 연습 문제로 복습하게 되어 있습니다.
자연스럽게 복습하며 단어를 암기하게 되어, 학생들은 자신감과 성취감을 맛보게 될 것입니다.

한승희 선생님(서울시 공립 초등학교)

원어민이 실제 사용하는 표현을 익혀
표현력이 좋아지는 책!

'바빠 초등 영단어'는 단어를 쉽게 외우면서도 원어민이 실제 사용하는 표현을 익힐 수 있는 매우 고마운 책입니다. 아이들이 어려워하는 영작문에 매우 유용할 뿐만 아니라 말하기, 듣기에도 두루두루 도움이 되겠네요.

김경애 선생님(전 ASFL 디베이트 협회)

두 단어가 한방에 기억되는 짝 단어 학습법

한 단어씩 따로 외우는 공부는 이제 그만!

단어에도 짝이 있습니다. 예를 들어, 4계절을 말할 때 흔히 '따뜻한 봄', '뜨거운 여름', '시원한 가을', '추운 겨울'이라고 표현하지요. '따뜻한 봄'이라는 말에서 '따뜻한'은 '봄'이라는 계절의 특징과 잘 어울리는 말입니다. 그래서 서로 짝이 됩니다.

이처럼 단어에도 짝이 있는데, 영어로는 콜로케이션(collocation)이라고 합니다. 이 책에서는 4계절을 단순히 spring, summer, fall, winter라고 한 단어씩 배우지 않습니다. 4계절의 특징을 살린 그림과 함께 warm spring, hot summer, cool fall, cold winter라고 짝 단어로 공부합니다.

warm spring
따뜻한 봄

hot summer
뜨거운 여름

cool fall
시원한 가을

cold winter
추운 겨울

두 단어를 외우는 시간은 같아도 효과는 2배 이상!

watch와 TV를 따로따로 외울 때와 watch TV를 함께 외울 때 걸리는 시간은 같지만, 효과는 확연히 다릅니다. 함께 쓰는 단어끼리 모아 공부하면, 의미 있게 외워질 뿐만 아니라, 바른 영어 문장을 구사할 수 있고, 한 단어만 외웠을 때보다 그 단어에 대한 기억도 오래 갑니다.

또한, 이렇게 외울 때부터 짝 단어로 익힌 경험은 중학교에 들어가 자주 접하게 될 서술형 영작에도 큰 도움이 됩니다. 짝 단어를 알면 어색하거나 틀린 문장을 쓸 확률이 낮아지기 때문이지요.

하루 16개씩 30일이면 3·4학년이 꼭 알아야 할 필수 영단어 완성!

이 책에서는 초등학교 영어 교과서를 분석해 초등 필수 단어 및 자수 쓰는 영단어 400개와 중요 예문 200개를 수록했습니다. 매일매일 서로 붙어 다니는 짝 단어를 하루에 16개씩 매일 듣고 읽고 쓰다 보면, 한 달 만에 초등 필수 영단어부터 실생활에서 자주 쓰는 영단어까지 끝낼 수 있습니다.

짝 단어로 외우면 단어를 제대로 이해할 수 있습니다. 그래서 영어 동화를 읽거나 회화를 할 때도 짝 단어는 크게 도움이 됩니다. 듣고, 읽고, 말하고, 쓰는 능력이 원어민처럼 유창해지는 데 도움이 되는 거죠. 한 단어씩 따로 외우는 공부는 이제 그만! 짝 단어(콜로케이션)로 진짜 영어를 배워 보세요!

이 책의 과학적 학습 장치들 − 두뇌의 속성을 이용한 효과는 놀랍다!

이 책은 학생들이 한 번 공부한 영단어를 오래 기억할 수 있도록 두뇌의 속성을 고려하여 만들었습니다. 이 책에 적용된 두뇌의 속성은 3가지입니다. 첫째, 이미지 연상법을 활용한 단어 외우기, 둘째, 에빙하우스의 망각 곡선을 반영한 복습 설계, 셋째, 시험 효과를 적용한 〈접이접이 영단어 쓰기 노트〉입니다.

1. '이미지 연상법'을 활용한 단어 외우기

기억에서, 이미지는 글자보다 훨씬 강력합니다. 한 번 본 그림을 다시 보여주면 봤던 그림인지 아닌지 금방 기억이 납니다. 그러나 글자는 그렇지 않습니다. 그러므로 단어를 이미지와 결합하여 기억하면 쉽게 잊어버리지 않습니다.

이 책에서는 이미지 연상법에 적용해, 한 과에 공부한 8개의 단어를 하나의 이미지로 표현했습니다. 이러한 장치는 단어를 더 쉽게 떠올리고 오래 기억하게 도와줍니다.

A 그림을 보고 단어를 연상하여 빈칸에 알맞은 뜻을 쓰세요.

yellow　banana　　　　　red　strawberry

orange　carrot　　　　　violet　grape

연습문제 A
앞에서 배운 단어를 이미지와 결합하여 떠올려 보세요. 단어를 더 쉽게 떠올리고, 오래 기억할 수 있어요.

2. 망각이 일어나기 전에 다시 기억하게 하는 '복습 효과'

독일 출신 심리학자 헤르만 에빙하우스는 최초로 인간의 기억을 연구했습니다. 시간이 지나면서 기억이 흐려지는 과정을 조사해 보니, 외운 지 10분 후부터 망각이 일어나서 1일 후에는 70% 이상이 사라진다는 것이 밝혀졌습니다. 한 번 외운 내용을 잊지 않으려면 10분, 1일, 1주일 안에 복습해야 합니다.

이 책에서는 연습 문제 C와 〈총정리 01~10〉을 통해 앞으로 공부한 단어의 기억이 사라지는 시간에 자신도 모르게 복습이 이루어지도록 과학적으로 설계했습니다.

연습 문제 C
앞 과에서 배운 단어를 문장 속에서 어떻게 사용되는지 문제를 풀기 때문에 복습 효과를 키울 수 있어요.

총정리
앞에서 공부한 단어의 기억이 사라지지 않도록 지금까지 공부한 내용을 모아서 복습해요.

3. '시험 효과'를 적용한 <접이접이 영단어 쓰기 노트>

공부 전문가들의 연구 결과 단순 반복 학습보다, 자신이 공부한 내용을 끄집어내는 연습(인출)이 훨씬 더 탄탄한 학습으로 이어진다고 합니다. 이것이 바로 시험 효과입니다.

이 책에서는 별책으로 스스로 시험 보는 〈접이접이 영단어 쓰기 노트〉를 제공합니다. 본책의 진도에 맞춰 그날 공부한 단어를 스스로 시험 본 후, '오답 노트' 칸에 틀린 단어만 다시 쓰도록 구성했습니다. 시험을 통해 자신이 모르는 단어를 파악하고 틀린 단어만 집중적으로 연습할 수 있어, 학습 효과가 극대화됩니다.

스스로 시험 보기 우리말 뜻 쓰기			접어서 확인해 봐!
01 Big Eye			점수 /8
영단어	뜻 쓰기	오답 노트	뜻 시험 보기
big			
eye			

특별 부록
<접이접이 영단어 쓰기 노트>
그날 공부한 단어를 접어서 스스로 시험 본 후, '오답 노트' 칸에 틀린 단어만 다시 정리하세요!

공부를 많이 했는데 머리에 남지 않으면 진짜 억울하겠죠? 머리에 오래 남도록, 이 책을 효율적으로 공부하는 방법을 확인해 보세요.

이 책을 효율적으로 공부하는 방법

1단계 | 원어민 발음 듣기

먼저 짝 단어와 단어에 익숙해지도록 원어민의 정확한 발음이 담긴 음성 파일을 여러 번 듣고 따라하세요. 노래를 한 번만 듣고는 따라 부르기 힘든 것처럼 영어 단어도 마찬가지예요. 익숙해질 때까지 최소 2~3번 이상 반복해서 듣고, 큰 소리로 따라하세요.

2단계 | 쓰면서 이해하기

음성 파일을 들은 다음, 단어 오른쪽에 뜻과 영단어 철자를 정확히 쓰며 익힙니다. 뒤쪽으로 넘어가, 앞에서 공부한 단어가 표현된 이미지를 보고 뜻을 쓴 다음, 문장에서 어떻게 사용되는지 써 봅니다. 이때, 잘 외워지지 않는 단어는 별도의 연습장을 마련하여 외울 때까지 써 보세요.

3단계 | 〈접이접이 영단어 쓰기 노트〉로 시험 보기

다 외었다고 생각되면, 한 시간 안에 〈접이접이 영단어 쓰기 노트〉를 이용해 스스로 시험을 보세요. 이때 기억나지 않은 단어를 한 번 더 외워주면 오늘의 공부가 완벽하게 끝납니다.

다음 날 공부 시작 전 | 다시 한 번 확인하기

그날 공부를 시작하기 전, 전날과 그 전날 공부한 단어의 음성 파일을 다시 듣고 따라하세요. 혹시 모르는 단어가 나오면 뜻을 확인하고 넘어가세요.

TIP

'오늘부터 30일 동안 이 책 한 권을 다 풀 거야!'라고 공개적으로 약속하면 끝까지 풀 확률이 높아진대요! 결심과 함께 책 사진을 찍어 친구나 부모님께 공유해 보세요!

Contents

짝 단어로 끝내는 **바빠 초등 영단어** 3·4학년용

3·4학년 영단어
진단평가

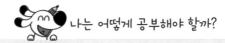 나는 어떻게 공부해야 할까?

> 진단평가를 풀어 본 후, 12쪽의 '권장 진도표'를
> 참고하여 공부 계획을 세워 보세요. 시계를 준비하고
> 아래 제시된 시간 안에 문제를 풀어 보세요.

아직 3학년이 되지 않았거나, 3학년 1학기인 경우

만일 단어에 자신이 없다면, 진단평가는 풀지 않아도 됩니다.
진단평가는 건너뛰고 01과부터 두 과씩 차근차근 공부하세요.

3학년 2학기~4학년인 경우

잘 모르는 단어가 나오더라도 문제를 끝까지 풀고 몇 개를 맞았는지
확인해 보세요. 적절한 진도표를 찾는 것이 목적이니까요.

5학년 이상인 경우

어려운 단어는 알아도 꼭 알아야 하는 기본 단어를 모르는 경우가
많습니다. 문제를 풀어 보고 채점한 후 권장 진도표를 참고하여
자신에게 맞는 공부 계획을 세워 보세요.

출제 범위	초등학교 영어 교과 과정 어휘
평가 문항	20문항
평가 시간	10분

[1~3] 다음 단어와 뜻이 <u>잘못</u> 연결된 것은?

1. ① nose - 코　　② mouth - 귀　　③ hair - 머리(카락)　　④ lip - (한쪽) 입술

2. ① pencil - 연필　　② eraser - 지우개　　③ note - 책　　④ glue - 풀

3. ① pig - 돼지　　② chicken - 닭　　③ duck - 오리　　④ shark - 돌고래

[4] 다음 단어의 철자가 <u>잘못</u>된 것은?

4. ① 딸기 - strawberry　　② 기린 - girraffe　　③ 얼룩말 - zebra　　④ 점심밥 - lunch

[5~7] 다음 달력의 빈칸에 알맞은 단어의 번호를 보기 에서 골라 쓰세요.

보기　① Wednesday　　② Monday　　③ Saturday

Sunday	5.	Tuesday	6.	Thursday	Friday	7.
	1	2	3	4	5	6
7	8	9	10	11	12	13
14	15	16	17	18	19	20
21	22	23	24	25	26	27
28	29	30	31			

[8~10] 다음 가계도를 보고 알맞은 단어를 쓰세요.

8. tall　d　　　　　　　　　　　　　　　beautiful mom

9. nice　b　　　　　　　　　　10. pretty　s

[11~14] 다음 빈칸에 알맞은 단어를 넣으세요.

우리말	털모자		택시 운전사
영어	11. fur _____ t		12. taxi _____ er
우리말	보물섬		어두운 하늘
영어	13. <u>tre</u> _____ island		14. d _____ sky

[15~16] 다음 그림에 알맞은 영어 단어를 쓰세요.

15. p _____

16. t _____ b _____

[17~18] 다음 중 단어의 연결이 <u>잘못된</u> 것은?

17. ① 레몬차 - lemon tea   ② 초콜릿 우유 - chocolate milk

　　 ③ 마시는 물 - drink water   ④ 고기 파이 - meat pie

18. ① 텔레비전을 보다 - watch TV   ② 음식을 만들다 - make food

　　 ③ 영어를 읽다 - read English   ④ 일본어를 말하다 - talk Japanese

19. 다음 빈칸에 <u>공통으로</u> 들어갈 수 있는 말은?

Let's _____ a party. 파티하자.

I will _____ soup. 나는 수프를 먹을 거야.

① have   ② eat   ③ do   ④ play

20. 다음 우리말 뜻에 알맞은 단어를 쓰세요.

노란 바나나가 많이 있다.

_____ are many _____ bananas.

나만의 공부 계획을 세워 보자

맞힌
개수 / 20

시작

↓

모두 맞혔다! → 예

대단한데요?
총정리 문제를 먼저 풀면서
모르는 단어가 나오면 앞으로
돌아가서 확인하세요.
10일 진도표로 빠르게 정리하세요!

아니오 ↓

18개 이상
맞혔다! → 예

잘했습니다!
확실히 다지기만 하면 되겠네요.
단기간에 끝내는
10일 진도표로 공부하세요!

아니오 ↓

15개 이하
맞혔다! → 예

01과부터 차근차근
풀어 보세요!
하루에 2과씩,
30일 진도표를 기준으로
공부 계획을 세워 보세요!

아니오 ↓

1~14번에
틀린 문제가
있다면 → 예

아니오 ↓

15~20번에 틀린
문제가 있다면? → 예

기초는 되어 있네요.
20일 진도표로
공부 계획을 세워 보세요!

권장 진도표

♥	30일	20일	10일
☐ 1일 차	01~02과	01~03과	01~05과 총정리 01
☐ 2일 차	03~04과	04~05과 총정리 01	06~10과 총정리 02
☐ 3일 차	05과 총정리 01	06~08과	11~15과 총정리 03
☐ 4일 차	06~07과	09~10과 총정리 02	16~20과 총정리 04
☐ 5일 차	08~09과	11~13과	21~25과 총정리 05
☐ 6일 차	10과 총정리 02	14~15과 총정리 03	26~30과 총정리 06
☐ 7일 차	11~12과	16~18과	31~35과 총정리 07
☐ 8일 차	13~14과	19~20과 총정리 04	36~40과 총정리 08
☐ 9일 차	15과 총정리 03	21~23과	41~45과 총정리 09
☐ 10일 차	16~17과	24~25과 총정리 05	46~50과 총정리 10
☐ 11일 차	18~19과	26~28과	
☐ 12일 차	20과 총정리 04	29~30과 총정리 06	
☐ 13일 차	21~22과	31~33과	
☐ 14일 차	23~24과	34~35과 총정리 07	
☐ 15일 차	25과 총정리 05	36~38과	
☐ 16일 차	26~27과	39~40과 총정리 08	
☐ 17일 차	28~29과	41~43과	
☐ 18일 차	30과 총정리 06	44~45과 총정리 09	
☐ 19일 차	31~32과	46~48과	
☐ 20일 차	33~34과	49~50과 총정리 10	
☐ 21일 차	35과 총정리 07		
☐ 22일 차	36~37과		
☐ 23일 차	38~39과		
☐ 24일 차	40과 총정리 08		
☐ 25일 차	41~42과		
☐ 26일 차	43~44과		
☐ 27일 차	45과 총정리 09		
☐ 28일 차	46~47과		
☐ 29일 차	48~49과		
☐ 30일 차	50과 총정리 10		

이 책의 '총정리 01~10'은 앞에서
공부한 단어의 기억이 사라지는
시간에 복습이 이루어지도록
설계되어 있습니다.
총정리를 빠뜨리지 말고 푼 다음,
틀린 문제는 다시 한 번 외우고
마무리하세요~

진단평가 정답

1. ②   2. ③   3. ④   4. ②   5. ②   6. ①   7. ③
8. dad   9. brother   10. sister   11. hat   12. driver
13. treasure   14. dark   15. popcorn   16. toothbrush
17. ③   18. ④   19. ①   20. There, yellow

짝 단어로 끝내는

collocation

바쁜 친구들이 즐거워지는
빠른 학습법

3·4
학년용

바빠
초등 영단어

warm spring   flower garden

이 영단어 책은 앞에서 공부한 단어의 기억이 사라지는 시간에 자신도 모르게 복습이 이루어지도록 과학적으로 설계되어 있습니다.
이 책에서 제시된 학습 설계에 따라 앞에서부터 차근차근 끝까지 풀어 보세요!
영단어를 효과적으로 공부하고 오래 기억할 수 있어요.

1 원어민의 발음을 꼭 듣자!

QR코드를 이용해 짝 단어와 영단어를 여러 번 듣고 따라하세요. 스마트폰에 QR코드 앱이 설치되어 있어야 합니다. mp3를 다운로드 받을 수도 있습니다. 바빠 공부단(cafe.naver.com/easyispub) 자료실에서 〈짝 단어로 끝내는 바빠 초등 영단어 - 3·4학년용〉을 검색하세요.

음원 듣기

2 단어를 쓸 때는 왼쪽을 보지 않고 쓰도록 노력하자!

영단어를 듣고 난 후, 영단어 오른쪽에 뜻과 영단어를 정확하게 쓰며 암기하세요.

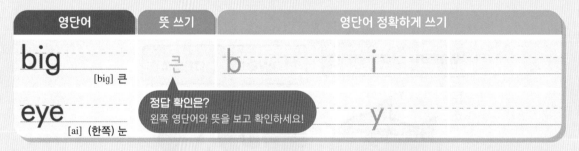

영단어	뜻 쓰기	영단어 정확하게 쓰기
big [big] 큰	큰	b i
eye [ai] (한쪽) 눈	정답 확인은? 왼쪽 영단어와 뜻을 보고 확인하세요!	y

3 친구나 부모님에게 사진을 찍어 공유하자!

공부하기 전, '오늘부터 30일 동안 이 책 한 권을 다 풀 거야!' 라고 공개적으로 약속하면, 끝까지 풀 확률이 높아질 거예요. 결심과 함께 책 사진을 찍어 친구나 부모님께 공유해 보세요!

음원 듣기

01 Big Eye 큰 눈

big eye
큰 눈

long ear
긴 귀

wide mouth
넓은 입

high nose
높은 코

영단어	뜻 쓰기	영단어 정확하게 쓰기		
big [big] 큰	큰	b	i	
eye [ai] (한쪽) 눈		e	y	
long [lɔːŋ] 긴		l	o	
ear [ir] (한쪽) 귀		e	a	
high* [hai] 높은		h	i	
nose [nouz] 코		n	o	
wide [waid] 넓은		w	i	
mouth* [mauθ] 입		m	o	

*high에서 'gh'는 발음이 안 되는 묵음이에요.

*mouth에서 'th' 발음에 주의하세요. 혀를 윗니와 아랫니 사이로 뺏다가 다시 집어넣으면서 발음하면 돼요.
원어민 선생님의 발음을 잘 듣고 여러 번 따라 하세요.

15

A 그림을 보고 단어를 연상하여 빈칸에 알맞은 뜻을 쓰세요.

big   eye

long   ear

high   nose

wide   mouth

B 단어의 짝을 맞추어 빈칸에 알맞은 영단어를 쓰세요.

① 큰 눈 ＿＿＿＿＿＿ eye ＿＿＿＿＿＿

② 높은 코 high ＿＿＿＿＿＿ ＿＿＿＿＿＿

③ 넓은 입 ＿＿＿＿＿＿ mouth ＿＿＿＿＿＿

④ 긴 귀 long ＿＿＿＿＿＿ ＿＿＿＿＿＿

C 우리말에 알맞게 영어 문장을 완성하세요.

① I have ＿＿＿＿＿ ＿＿＿＿＿ s.
나는 큰 눈을 가지고 있어.

② I have a ＿＿＿＿＿ ＿＿＿＿＿.
나는 넓은 입을 가지고 있어.

③ I have ＿＿＿＿＿ ＿＿＿＿＿ s.
나는 긴 귀를 가지고 있어.

④ I have a ＿＿＿＿＿ ＿＿＿＿＿.
나는 높은 코를 가지고 있어.

 눈과 귀를 한 쪽만 말할 때는 eye와 ear로, 양쪽을 말할 때는 s를 붙여 eyes와 ears라고 해요.

02 Short Hair 짧은 머리

short hair
짧은 머리

pink cheek
분홍색 볼

thin lip
얇은 입술

round chin
둥근 턱

영단어	뜻 쓰기	영단어 정확하게 쓰기
short [ʃɔːrt] 짧은	짧은	s　　　　h
hair [hɛər] 머리		h　　　　a
pink [piŋk] 분홍색의, 분홍색		p　　　　i
cheek [tʃiːk] (한쪽) 볼		c　　　　h
round [raund] 둥근		r　　　　o
chin [tʃin] 턱		c　　　　h
thin* [θin] 얇은		t　　　　h
lip [lip] (한쪽) 입술		l　　　　i

 *thin은 '마른'이라는 뜻으로도 쓰여요. 예 She is thin and tall. 그녀는 마르고 키가 크다.

A 그림을 보고 단어를 연상하여 빈칸에 알맞은 뜻을 쓰세요.

short   hair   pink   cheek

round   chin   thin   lip

B 단어의 짝을 맞추어 빈칸에 알맞은 영단어를 쓰세요.

❶ 얇은 입술   _____ lip   _____

❷ 분홍색 볼   pink _____   _____

❸ 둥근 턱   _____ chin   _____

❹ 짧은 머리   short _____   _____

C 우리말에 알맞게 영어 문장을 완성하세요.

❶ I like your _____ _____ .
나는 너의 짧은 머리가 좋아.

❷ I like your _____ _____ .
나는 너의 둥근 턱이 좋아.

❸ I like your _____ _____ s.
나는 너의 얇은 입술이 좋아.

❹ I like your _____ _____ s.
나는 너의 분홍색 볼이 좋아.

 hair는 머리카락 전체를 하나로 생각하기 때문에 hair 뒤에는 s를 붙이면 안 돼요.
lip은 위아래 입술이 두 개 있어 lips로, cheek도 양볼이 있어 cheeks로 쓰여요.

03 Green Salad 녹색 샐러드

white rice
흰 밥

black bean
검은 콩

green salad
녹색 샐러드

brown bread
갈색 빵

영단어	뜻 쓰기	영단어 정확하게 쓰기		
white[*] [wait] 흰, 하얀색	흰	w	h	
rice [rais] 밥		r	i	
black [blæk] 검은, 검은색		b	l	
bean [biːn] 콩 (한 개)		b	e	
green [griːn] 녹색의, 녹색		g	r	
salad[*] [sǽləd] 샐러드		s	a	
brown [braun] 갈색의, 갈색		b	r	
bread [bred] 빵		b	r	

*white에서 'h'는 소리가 나지 않는 묵음이에요. 미국에서는 'h' 발음을 잘 내지 않아요.

*salad는 소금에 해당하는 'salt'에서 나온 말이에요. 고기를 많이 먹는 서양 사람들이 그냥 먹으면 싱거우니까 채소에 소금을 뿌려서 먹는 습관에서 나온 말이죠.

그림을 보고 단어를 연상하여 빈칸에 알맞은 뜻을 쓰세요.

white   rice   black   bean

green   salad   brown   bread

B 단어의 짝을 맞추어 빈칸에 알맞은 영단어를 쓰세요.

❶ 흰 밥   _____ rice   _____

❷ 갈색 빵   brown _____   _____

❸ 검은 콩   _____ bean   _____

❹ 녹색 샐러드   green _____   _____

C 우리말에 알맞게 영어 문장을 완성하세요.

❶ I love _____.
나는 흰 밥을 정말 좋아해.

❷ I love _____ _____s.
나는 검은 콩을 정말 좋아해.

❸ I love _____.
나는 갈색 빵을 정말 좋아해.

❹ I love _____.
나는 녹색 샐러드를 정말 좋아해.

rice도 hair처럼 전체를 하나로 표현하기 때문에 's'는 붙이지 않아요.
love는 '사랑한다'는 뜻도 있지만 '정말 좋아한다'는 표현으로도 많이 쓰여요.

04 Yellow Banana 노란 바나나

yellow banana
노란 바나나

red strawberry
빨간 딸기

orange carrot
주황색 당근

violet grape
보라색 포도

맛있겠당

영단어	뜻 쓰기	영단어 정확하게 쓰기	
yellow [jélou] 노란, 노란색	노란	y	e
banana* [bənǽnə] 바나나		b	a
red [red] 빨간, 빨간색		r	e
strawberry [strɔ́:beri] 딸기		s	
orange [ɔ́:rindʒ] 주황색의, 주황색		o	r
carrot* [kǽrət] 당근		c	a
violet [váiəlit] 보라색		v	i
grape* [greip] 포도 (한 알)		g	r

 *carrot는 뿌리(root)를 먹는 채소예요. 이런 채소와 달리 과일(fruit)은 바나나(*banana), 사과(apple), 포도
(*grape)처럼 대부분 나무에 열매로 달려 있어요.

그림을 보고 단어를 연상하여 빈칸에 알맞은 뜻을 쓰세요.

yellow   banana   red   strawberry

orange   carrot   violet   grape

B 단어의 짝을 맞추어 빈칸에 알맞은 영단어를 쓰세요.

❶ 노란 바나나   _____ banana

❷ 빨간 딸기   red _____

❸ 보라색 포도   _____ grape

❹ 주황색 당근   orange _____

C 우리말에 알맞게 영어 문장을 완성하세요.

❶ Look at the _____ _____s.
저 보라색 포도를 봐.

❷ Look at the _____ _____.
저 주황색 당근을 봐.

❸ Look at the _____ _____.
저 빨간 딸기를 봐.

❹ Look at the _____ _____.
저 노란 바나나를 봐.

 look처럼 움직임을 나타내는 말(동사)로 문장이 시작되면 '~을 봐'라는 뜻이 돼요.

22

05 Beautiful Mom 아름다운 엄마

| tall dad 키 큰 아빠 | | beautiful mom 아름다운 엄마 |
| nice brother 멋진 오빠 | | pretty sister 예쁜 여동생 |

영단어	뜻 쓰기	영단어 정확하게 쓰기		
tall* [tɔ:l] 키 큰	키 큰	t	a	
dad [dæd] 아빠		d	a	
beautiful [bjú:təfəl] 아름다운		b		
mom [mam] 엄마		m	o	
nice [nais] 멋진		n	i	
brother* [brʌ́ðər] 남자 형제		b	r	
pretty [príti] 예쁜		p	r	
sister* [sístər] 여자 형제		s	i	

*tall은 건물이 '높은'이라는 뜻으로도 쓰여요. 예 That building is very tall. 저 건물은 매우 높다.
우리는 형, 오빠, 남동생, 언니, 누나, 여동생으로 구분해 말하지만 영어에서는 *brother 혹은 *sister로 말해요.

A 그림을 보고 단어를 연상하여 빈칸에 알맞은 뜻을 쓰세요.

tall   dad   beautiful   mom

nice   brother   pretty   sister

B 단어의 짝을 맞추어 빈칸에 알맞은 영단어를 쓰세요.

① 예쁜 여동생   _____   sister   _____

② 키 큰 아빠   tall   _____   _____

③ 멋진 오빠   _____   brother   _____

④ 아름다운 엄마   beautiful   _____   _____

C 우리말에 알맞게 영어 문장을 완성하세요.

① This is my _____ _____ .
이 사람은 멋진 내 오빠야.

② This is my _____ _____ .
이분은 키 큰 내 아빠야.

③ This is my _____ _____ .
이분은 아름다운 내 엄마야.

④ This is my _____ _____ .
이 애는 예쁜 내 여동생이야.

우리나라에서도 아버지를 아빠라고 부르는 경우가 많죠? 영어권에서도 마찬가지로 dad(아빠) - father(아버지), mom(엄마) - mother(어머니)라고 부르죠.

01~05과 다시 써 보기

A 그림을 보고 빈칸에 알맞은 영단어를 쓰세요.

큰　　　　눈

긴　　　　귀

높은　　　코

넓은　　　입

B 그림을 보고 짝이 되는 단어를 찾아 연결한 다음 빈칸에 쓰세요.

❶ yellow　•　　　• salad　　　▶ _____

❷ red　•　　　• grape　　　▶ _____

❸ violet　•　　　• carrot　　　▶ _____

❹ orange　•　　　• rice　　　▶ _____

❺ white　•　　　• bread　　　▶ _____

❻ black　•　　　• strawberry　▶ _____

❼ brown　•　　　• banana　　　▶ *yellow banana*

❽ green　•　　　• bean　　　▶ _____

C 빈칸에 알맞은 영단어를 보기 에서 골라 쓰세요.

보기   beautiful, bean, round, sister, wide, ear, orange, lip

❶ This is my pretty _____.   이 애는 예쁜 내 여동생이야.

❷ I like your _____ chin.   나는 너의 둥근 턱이 좋아.

❸ I have long _____s.   나는 긴 귀를 가지고 있어.

❹ Look at the _____ carrot.   저 주황색 당근을 봐.

❺ This is my _____ mom.   이분은 아름다운 내 엄마야.

❻ I love black _____s.   나는 검은 콩을 정말 좋아해.

❼ I have _____ mouth.   나는 넓은 입을 가지고 있어.

❽ I like your thin _____s.   나는 너의 얇은 입술이 좋아.

D 다음 크로스워드 퍼즐을 영어로 채우세요.

가로

❶ 멋진 오빠

❷ 얇은 입술

❸ 검은 콩

세로

❹ 흰 밥

❺ 큰 눈

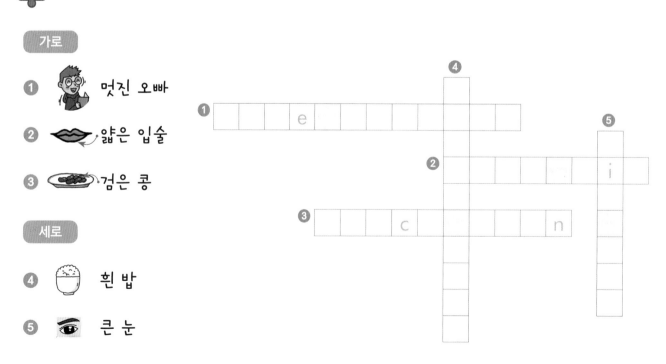

26

06 Kind Uncle 친절한 삼촌

kind uncle
친절한 삼촌

smart aunt
똑똑한 이모

lazy cousin
게으른 사촌

cute baby
귀여운 아기

영단어	뜻 쓰기	영단어 정확하게 쓰기
kind [kaind] 친절한	친절한	k　　　　　　i
uncle * [ʌ́ŋkl] 삼촌		u　　　　　　n
smart [smɑːrt] 똑똑한		s　　　　　　m
aunt * [ænt] 이모		a　　　　　　u
lazy [léizi] 게으른		l　　　　　　a
cousin [kʌ́zn] 사촌		c　　　　　　o
cute [kjuːt] 귀여운		c　　　　　　u
baby [béibi] 아기		b　　　　　　a

 삼촌, 큰 아빠, 고모부 등 친척 중에 남자 어른은 다 *uncle으로 불러요. 심지어 친근한 동네 아저씨도 uncle이에요. 마찬가지로 이모, 고모, 숙모, 큰 엄마 등 친척 여자 어른들과 동네 아줌마는 모두 *aunt라고 불러요.

A 그림을 보고 단어를 연상하여 빈칸에 알맞은 뜻을 쓰세요.

kind   uncle   smart   aunt

_____   _____   _____   _____

lazy   cousin   cute   baby

_____   _____   _____   _____

B 단어의 짝을 맞추어 빈칸에 알맞은 영단어를 쓰세요.

❶ 게으른 사촌   _____ cousin   _____

❷ 친절한 삼촌   kind _____   _____

❸ 귀여운 아기   _____ baby   _____

❹ 똑똑한 이모   smart _____   _____

C 우리말에 알맞게 영어 문장을 완성하세요.

❶ That is my _____ _____.
저분은 똑똑한 내 이모야.

❷ That is my _____ _____.
저 사람은 게으른 내 사촌이야.

❸ That is my _____ _____.
저분은 친절한 내 삼촌이야.

❹ That is his _____ _____.
저 애는 그의 귀여운 아기야.

 that은 비교적 멀리 있는 것을 가리킬 때 사용하며, 사물과 사람을 지칭할 때 모두 써요.

07 One O'clock 1시 정각

one o'clock
1시 정각

two three
2시 3분

four five
4시 5분

six seven
6시 7분

영단어	뜻 쓰기	영단어 정확하게 쓰기	
one [wʌn] 1, 하나	1, 하나	o	n
o'clock [əklák] ~시, 정각		o'	c
two [tu:] 2, 둘		t	w
three [θri:] 3, 셋		t	h
four [fɔ:r] 4, 넷		f	o
five [faiv] 5, 다섯		f	i
six [siks] 6, 여섯		s	i
seven [sévn] 7, 일곱		s	e

시간을 말할 때, 분이 1부터 9까지의 숫자일 경우, 흔히 분 앞에 'oh'를 붙여 말하기도 해요. 예 two oh three 2시 3분 / four oh five 4시 5분

그리고 완전한 문장을 써서 「It is ~시 (oh) ~분」으로 표현할 수 있어요. 예 It is two (oh) three. 2시 3분이다. / It is four (oh) five. 4시 5분이다.

A 그림을 보고 단어를 연상하여 빈칸에 알맞은 뜻을 쓰세요.

one   o'clock   two   three

1:00   2:03

four   five   six   seven

4:05   6:07

B 단어의 짝을 맞추어 빈칸에 알맞은 영단어를 쓰세요.

❶ 1시 정각   _____ o'clock   _____

❷ 2시 3분   two _____   _____

❸ 4시 5분   _____ five   _____

❹ 6시 7분   six _____   _____

C 우리말에 알맞게 영어 문장을 완성하세요.

❶ It is _____ _____ .
1시 정각이야.

❷ It is _____ _____ .
2시 3분이야.

❸ It is _____ _____ .
4시 5분이야.

❹ It is _____ _____ .
6시 7분이야.

 o'clock은 of the clock(시계의)의 줄임말로 o'clock의 '는 말을 줄일 때 써요. 예를 들어 3 o'clock은 시계의 3을 가리키는 시간으로 3시 정각을 말해요.

08 Eight Nine 8시 9분

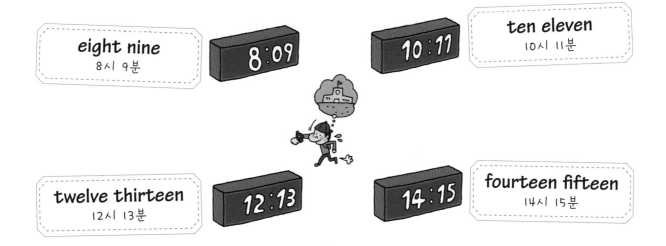

eight nine
8시 9분

ten eleven
10시 11분

twelve thirteen
12시 13분

fourteen fifteen
14시 15분

영단어	뜻 쓰기	영단어 정확하게 쓰기
eight [eit] 8, 여덟	8, 여덟	e i
nine [nain] 9, 아홉		n i
ten [ten] 10, 열		t e
eleven [ilévən] 11, 열하나		e l
twelve [twelv] 12, 열둘		t w
thirteen* [θəːrtíːn] 13, 열셋		t
fourteen [fɔːrtíːn] 14, 열넷		f
fifteen* [fiftíːn] 15, 열다섯		f i

*thirteen(13)에서 teen은 '십대'라는 뜻이에요. 그래서 숫자 13~19까지는 이 teen이 들어가지요.

*fifteen(15)을 fiveteen으로 쓰지 않도록 주의하세요.

A 그림을 보고 단어를 연상하여 빈칸에 알맞은 뜻을 쓰세요.

eight   nine   ten   eleven

8:09   10:11

twelve   thirteen   fourteen   fifteen

12:13   14:15

B 단어의 짝을 맞추어 빈칸에 알맞은 영단어를 쓰세요.

① 8시 9분   _____   nine   _____

② 10시 11분   ten   _____   _____

③ 12시 13분   _____   thirteen   _____

④ 14시 15분   fourteen   _____   _____

C 우리말에 알맞게 영어 문장을 완성하세요.

① It is _____ now.
지금은 8시 9분이야.

② It is _____ now.
지금은 10시 11분이야.

③ It is _____ now.
지금은 12시 13분이야.

④ It is _____ now.
지금은 14시 15분이야.

 15 이후의 숫자는 〈부록-숫자 익히기〉에서 더 배우기로 해요. 숫자는 중요하니까 꼭 확인하세요.

09 Hot Summer 뜨거운 여름

warm spring
따뜻한 봄

hot summer
뜨거운 여름

cool fall
시원한 가을

cold winter
추운 겨울

영단어	뜻 쓰기	영단어 정확하게 쓰기	
warm [wɔːrm] 따뜻한	따뜻한	W	a
spring* [spriŋ] 봄		s	p
hot [hɑt] 더운, 뜨거운		h	o
summer [sʌ́mər] 여름		s	u
cool [kuːl] 시원한		c	o
fall* [fɔːl] 가을		f	a
cold [kould] 추운, 차가운		c	o
winter [wíntər] 겨울		w	i

*spring은 '용수철'이나 '튀어 오르다'라는 뜻이 있어요. 봄이 되면 땅을 뚫고 새싹이 돋아나고 생물들이 나오기 때문에 봄이 spring이 된 거예요.

미국에서는 가을을 *fall, 영국에서는 autumn[ɔ́ːtəm]이라고 해요.

A 그림을 보고 단어를 연상하여 빈칸에 알맞은 뜻을 쓰세요.

warm	spring			hot	summer

cool	fall			cold	winter

B 단어의 짝을 맞추어 빈칸에 알맞은 영단어를 쓰세요.

① 따뜻한 봄   _____ spring

② 뜨거운 여름   hot _____

③ 시원한 가을   _____ fall

④ 추운 겨울   cold _____

C 우리말에 알맞게 영어 문장을 완성하세요.

① Do you like _____ _____ ?
너는 시원한 가을을 좋아하니?

② Do you like _____ _____ ?
너는 뜨거운 여름을 좋아하니?

③ Do you like _____ _____ ?
너는 따뜻한 봄을 좋아하니?

④ Do you like _____ _____ ?
너는 추운 겨울을 좋아하니?

 계절은 season [síːzn] 이라고 해요. 우리도 계절 대신 시즌이라고 많이 말하죠.

10 This Computer 이 컴퓨터

this computer
이 컴퓨터

that chair
저 의자

those pens
저 펜들

these bags
이 가방들

영단어	뜻 쓰기	영단어 정확하게 쓰기
this* [ðis] 이, 이것	이, 이것	t　　　　h
computer [kəmpjúːter] 컴퓨터		c　　　　o
that* [ðæt] 저, 저것		t　　　　h
chair [tʃɛər] 의자		c　　　　h
those* [ðouz] 저(것)들의, 저것들		t　　　　h
pen [pen] 펜		p　　　　e
these* [ðiːz] 이(것)들의, 이것들		t　　　　h
bag [bæg] 가방		b　　　　a

 *this(이것)의 복수형 → *these(이것들), *that(저것)의 복수형 → *those(저것들)
가까이에 있는 것은 this와 these로 쓰고 멀리 있는 것은 that과 those로 써요.

A 그림을 보고 단어를 연상하여 빈칸에 알맞은 뜻을 쓰세요.

this   computer   that   chair

these   bags   those   pens

 B 단어의 짝을 맞추어 빈칸에 알맞은 영단어를 쓰세요.

❶ 이 가방들 _____ bags _____

❷ 이 컴퓨터 this _____ _____

❸ 저 펜들 _____ pens _____

❹ 저 의자 that _____ _____

C 우리말에 알맞게 영어 문장을 완성하세요.

❶ I want _____ _____.
나는 저 의자를 원해.

❷ I want _____ _____.
나는 이 컴퓨터를 원해.

❸ I want _____ _____.
나는 이 가방들을 원해.

❹ I want _____ _____.
나는 저 펜들을 원해.

these나 those는 뒤에 여러 개를 나타내는 복수 명사일 때 함께 쓰여요.
예 these bags 이 가방들 / those pens 저 펜들

36

06~10과 다시 써 보기

A 그림을 보고 빈칸에 알맞은 영단어를 쓰세요.

1시	정각			2시	3분

1:00   2:03

4시	5분			6시	7분

4:05   6:07

B 그림을 보고 짝이 되는 단어를 찾아 연결한 다음 빈칸에 쓰세요.

❶ kind •   • baby ▸ _____

❷ smart •   • winter ▸ _____

❸ lazy •   • uncle ▸ kind uncle

❹ cute •   • fall ▸ _____

❺ warm •   • aunt ▸ _____

❻ hot •   • summer ▸ _____

❼ cool •   • spring ▸ _____

❽ cold •   • cousin ▸ _____

C 빈칸에 알맞은 영단어를 보기 에서 골라 쓰세요.

보기   o'clock, twelve, cousin, those, these, fifteen, fall, six

❶ Do you like cool _____ ? 너는 시원한 가을을 좋아하니?

❷ I want _____ bags. 나는 이 가방들을 원해.

❸ It is fourteen _____ now. 지금은 14시 15분이야.

❹ It is _____ seven. 6시 7분이야.

❺ That is my lazy _____ . 저 사람은 게으른 내 사촌이야.

❻ It is one _____ . 1시 정각이야.

❼ I want _____ pens. 나는 저 펜들을 원해.

❽ It is _____ thirteen now. 지금은 12시 13분이야.

D 다음 크로스워드 퍼즐을 영어로 채우세요.

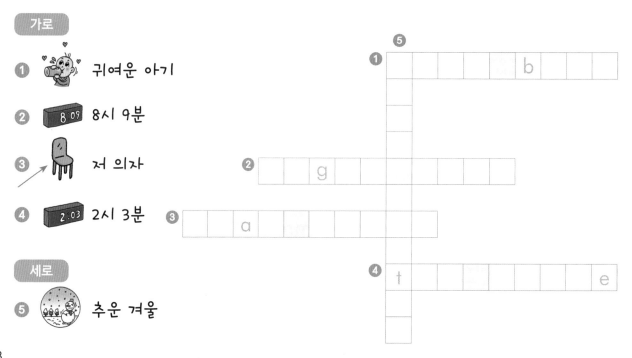

가로

❶ 귀여운 아기

❷ 8시 9분

❸ 저 의자

❹ 2시 3분

세로

❺ 추운 겨울

11 My Pencil 나의 연필

my pencil
나의 연필

your eraser
너의 지우개

his notebook
그의 공책

her glue
그녀의 풀

영단어	뜻 쓰기	영단어 정확하게 쓰기		
my [mai] 나의	나의	m	y	
pencil [pénsl] 연필		p	e	
your [juər] 너의		y	o	
eraser [iréisər] 지우개		e	r	
his [hiz] 그의		h	i	
notebook* [nóutbuk] 공책		n		
her [həːr] 그녀의		h	e	
glue [gluː] 풀		g	l	

*notebook은 왜 공책이라는 뜻이 되었을까요? note(적는 것) + book(책) = notebook (공책)

my	pencil			your	eraser

his	notebook			her	glue

B 단어의 짝을 맞추어 빈칸에 알맞은 영단어를 쓰세요.

❶ 너의 지우개 _____ eraser _____

❷ 그의 공책 his _____ _____

❸ 나의 연필 _____ pencil _____

❹ 그녀의 풀 her _____ _____

C 우리말에 알맞게 영어 문장을 완성하세요.

❶ Is this _____ _____?
이것이 너의 지우개니?

❷ Is this _____ _____?
이것이 그의 공책이니?

❸ Is this _____ _____?
이것이 그녀의 풀이니?

❹ Is this _____ _____?
이것이 나의 연필이니?

 be동사(am, are, is)가 들어간 의문문에서는 문장의 끝 부분을 올려서 읽어요.

12 Their Ruler 그들의 자

our clock
우리의 시계

their ruler
그들의 자

its tail
그것의 꼬리

whose desk
누구의 책상

영단어	뜻 쓰기	영단어 정확하게 쓰기		
our [áuər] 우리의	우리의	o	u	
clock* [klɑ:k] 시계		c	l	
their [ðɛər] 그들의		t	h	
ruler [rú:lər] 자		r	u	
its* [its] 그것의		i	t	
tail [teil] 꼬리		t	a	
whose [hu:z] 누구의		w	h	
desk [desk] 책상		d	e	

*clock – 벽에 걸거나 실내에 두는 시계, watch – 손목에 차거나 주머니에 넣고 다니는 시계

*its는 사람이 아닌 동물이나 사물에 써요. 예 its pocket 그것(캥거루)의 주머니

그리고 its는 형태가 비슷한 it's와 구분해서 쓰세요. it's = it is(그것은 ~이다)

그림을 보고 단어를 연상하여 빈칸에 알맞은 뜻을 쓰세요.

our	clock			their	ruler

its	tail			whose	desk

B 단어의 짝을 맞추어 빈칸에 알맞은 단어를 쓰세요.

❶ 우리의 시계   _____ clock   _____

❷ 그들의 자   their _____   _____

❸ 누구의 책상   _____ desk   _____

❹ 그것의 꼬리   its _____   _____

C 우리말에 알맞게 영어 문장을 완성하세요.

❶ Is that _____ _____?
저것이 그들의 자니?

❷ Is that _____ _____?
저것이 그것의 꼬리니?

❸ Is that _____ _____?
저것이 우리의 시계니?

❹ _____ _____ is that?
저것은 누구 책상이니?

13 Sunday Morning 일요일 아침

Sunday morning
일요일 아침

Monday afternoon
월요일 오후

Tuesday evening
화요일 저녁

Wednesday night
수요일 밤

영단어	뜻 쓰기	영단어 정확하게 쓰기
Sunday [sʌ́ndei] 일요일	일요일	S u
morning [mɔ́ːrniŋ] 아침, 오전		m o
Monday [mʌ́ndei] 월요일		M o
afternoon [æftərnúːn] 오후		a
Tuesday [tjúːzdei] 화요일		T u
evening [íːvniŋ] 저녁		e v
Wednesday* [wénzdei] 수요일		W
night [nait] 밤		n i

요일의 첫 글자는 항상 대문자로 써야 해요.
*Wednesday를 읽을 때 발음에 주의하세요. 'd'는 발음이 안 되는 묵음이에요.

43

그림을 보고 단어를 연상하여 빈칸에 알맞은 뜻을 쓰세요.

Sunday   morning

Monday   afternoon

Tuesday   evening

Wednesday   night

B 단어의 짝을 맞추어 빈칸에 알맞은 영단어를 쓰세요.

❶ 일요일 아침   _____ morning

❷ 월요일 오후   Monday _____

❸ 화요일 저녁   _____ evening

❹ 수요일 밤   Wednesday _____

C 우리말에 알맞게 영어 문장을 완성하세요.

❶ See you on _____ _____ .
화요일 저녁에 만나.

❷ See you on _____ _____ .
월요일 오후에 만나.

❸ See you on _____ _____ .
일요일 아침에 만나.

❹ See you on _____ _____ .
수요일 밤에 만나.

 요일 앞에 전치사 on을 붙이면 '~요일에'라는 뜻이 돼요.

14 Thursday Breakfast 목요일 아침밥

Thursday breakfast
목요일 아침(밥)

Friday lunch
금요일 점심(밥)

Saturday dinner
토요일 저녁(밥)

weekend party
주말 파티

영단어	뜻 쓰기	영단어 정확하게 쓰기	
Thursday [θə́:rzdei] 목요일	목요일	T	
breakfast [brékfəst] 아침(밥)		b	
Friday [fráidei] 금요일		F	r
lunch [lʌntʃ] 점심(밥)		l	u
Saturday [sǽtərdei] 토요일		S	
dinner* [dínər] 저녁(밥)		d	i
weekend* [wíːkend] 주말		w	e
party [páːrti] 파티		p	a

*dinner는 잘 차려서 먹는 저녁 식사를 의미하며, 간단한 저녁을 먹을 때는 supper[sʌ́pər]라고 해요.

week(주) + end(끝) = *weekend(주말)

A 그림을 보고 단어를 연상하여 빈칸에 알맞은 뜻을 쓰세요.

Thursday breakfast

Friday   lunch

Saturday   dinner

weekend   party

B 단어의 짝을 맞추어 빈칸에 알맞은 영단어를 쓰세요.

① 목요일 아침(밥) _____ breakfast _____

② 금요일 점심(밥) Friday _____ _____

③ 토요일 저녁(밥) _____ dinner _____

④ 주말 파티 weekend _____ _____

C 우리말에 알맞게 영어 문장을 완성하세요.

① Let's have _____ _____ .
목요일 아침 먹자.

② Let's have _____ _____ .
금요일 점심 먹자.

③ Let's have _____ _____ .
토요일 저녁 먹자.

④ Let's have _____ _____ .
주말에 파티하자.

 have는 '가지다' 외에 '먹다', '파티를 열다'라는 뜻이 있어요.

46

15 Fur Hat 털모자

맛지지?

fur hat
털모자

wool scarf
양털 목도리

sweater vest
스웨터 조끼

snow boot
스노우 부츠(눈 부츠)

영단어	뜻 쓰기	영단어 정확하게 쓰기		
fur [fəːr] 털	털	f		u
hat [hæt] 모자		h		a
wool* [wul] 양털		w		o
scarf [skɑːrf] 목도리		s		c
sweater [swétər] 스웨터		s		w
vest [vest] 조끼		v		e
snow [snou] 눈		s		n
boot* [buːt] 부츠 (한 짝)		b		o

*wool은 보통 양털을 말하지만 양 외에도 염소나 다른 동물에게서 나온 털도 포함해요.
부츠 한 짝만 말할 때는 *boot, 부츠 한 켤레를 말할 때는 boots[buːts]라고 해요.

그림을 보고 단어를 연상하여 빈칸에 알맞은 뜻을 쓰세요.

fur   hat   멋지지?   wool   scarf

sweater   vest   snow   boot

B 단어의 짝을 맞추어 빈칸에 알맞은 영단어를 쓰세요.

① 스노우 부츠   _____ boot   _____

② 양털 목도리   wool _____   _____

③ 털모자   _____ hat   _____

④ 스웨터 조끼   sweater _____   _____

C 우리말에 알맞게 영어 문장을 완성하세요.

① I wear a _____ _____.
나는 양털 목도리를 해.

② I wear a _____.
나는 스웨터 조끼를 입어.

③ I wear _____ _____ s.
나는 스노우 부츠를 신어.

④ I wear a _____.
나는 털모자를 써.

 hat는 보통 사방에 테두리가 있는 벙거지 스타일이고 cap은 주로 앞부분에 챙이 달린 야구 모자 스타일이에요.

03 11~15과 다시 써 보기

 A 그림을 보고 빈칸에 알맞은 영단어를 쓰세요.

일요일	아침			월요일	오후

화요일	저녁			수요일	밤

B 그림을 보고 짝이 되는 단어를 찾아 연결한 다음 빈칸에 쓰세요.

① my	•	• clock	▶ _____
② your	•	• desk	▶ _____
③ his	•	• notebook	▶ _____
④ her	•	• glue	▶ _____
⑤ our	•	• tail	▶ _____
⑥ their	•	• eraser	▶ _____
⑦ its	•	• pencil	▶ my pencil
⑧ whose	•	• ruler	▶ _____

C 빈칸에 알맞은 영단어를 보기 에서 골라 쓰세요.

> 보기 his, sweater, scarf, dinner, Wednesday, clock, your, Thursday

❶ See you on _____ night. 수요일 밤에 만나.

❷ I wear a wool _____. 나는 양털 목도리를 해.

❸ Is this _____ notebook? 이것이 그의 공책이니?

❹ Let's have Saturday _____. 토요일 저녁 먹자.

❺ Is this _____ eraser? 이것이 너의 지우개니?

❻ Is that our _____? 저것이 우리의 시계니?

❼ Let's have _____ breakfast. 목요일 아침 먹자.

❽ I wear a _____ vest. 나는 스웨터 조끼를 입어.

D 다음 크로스워드 퍼즐을 영어로 채우세요.

> 가로

❶ 금요일 점심

❷ 스노우 부츠

❸ 털모자

> 세로

❹ 그것의 꼬리

❺ 그녀의 풀

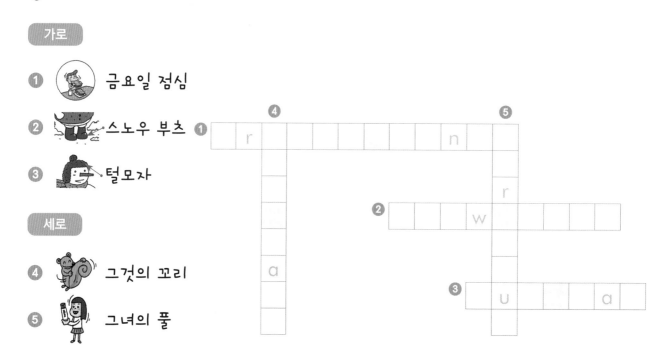

50

16 Table Tennis 탁구

| table tennis 탁구 | | ice hockey 아이스하키 |
| horse riding 승마 | | foot baseball 발야구 |

영단어	뜻 쓰기	영단어 정확하게 쓰기
table* [teibl] 탁자	탁자	t a
tennis* [ténis] 테니스		t e
ice* [ais] 얼음		i c
hockey* [háki] 하키		h o
horse* [hɔːrs] 말		h o
riding* [ráidiŋ] 타기		r i
foot* [fut] 발		f o
baseball* [béisbɔːl] 야구		b a

 *table(탁자)에서 하는 *tennis(테니스) = 탁구, *ice(얼음) 위에서 하는 *hockey(하키) = 아이스하키,
*horse(말) *riding(타기) = 승마, *foot(발)로 하는 *baseball(야구) = 발야구,
foot baseball은 kickball이라고도 많이 써요.

A 그림을 보고 단어를 연상하여 빈칸에 알맞은 뜻을 쓰세요.

table   tennis   ice   hockey
_____

horse   riding   foot   baseball
_____

 B 단어의 짝을 맞추어 빈칸에 알맞은 영단어를 쓰세요.

❶ 승마   _____ riding   _____

❷ 아이스하키   ice _____   _____

❸ 발야구   _____ baseball   _____

❹ 탁구   table _____   _____

C 우리말에 알맞게 영어 문장을 완성하세요.

❶ I enjoy _____ .
나는 발야구를 즐겨.

❷ I enjoy _____ .
나는 아이스하키를 즐겨.

❸ I enjoy _____ .
나는 탁구를 즐겨.

❹ I enjoy _____ .
나는 승마를 즐겨.

table tennis는 다른 말로 ping-pong이라고 해요. 탁구공이 탁자에 튀기는 소리에서 따 온 말이죠.

17 Soccer Shoe 축구화

badminton racket
배드민턴 라켓

swim cap
수영 모자

soccer shoe
축구화(축구 신발)

boxing glove
권투 장갑

영단어	뜻 쓰기	영단어 정확하게 쓰기
badminton [bǽdmintən] 배드민턴	배드민턴	b
racket [rǽkit] 라켓		r a
swim [swim] 수영		s w
cap [kæp] 모자		c a
soccer [sákər] 축구		s o
shoe * [ʃuː] 신발 (한 짝)		s h
boxing [báksiŋ] 권투		b o
glove * [glʌv] 장갑 (한 짝)		g l

 *shoe(신발)나 *glove(장갑)는 두 개가 짝이므로, 보통 shoes(신발 한 켤레), gloves(장갑 한 켤레)로 써요.

A 그림을 보고 단어를 연상하여 빈칸에 알맞은 뜻을 쓰세요.

badminton   racket   swim   cap

soccer   shoe   boxing   glove

B 단어의 짝을 맞추어 빈칸에 알맞은 영단어를 쓰세요.

❶ 축구화   shoe

❷ 수영 모자   swim

❸ 권투 장갑   glove

❹ 배드민턴 라켓   badminton

C 우리말에 알맞게 영어 문장을 완성하세요.

❶ I have no _____ _____.
나는 배드민턴 라켓이 없어.

❷ I have no _____ _____.
나는 수영 모자가 없어.

❸ I have no _____ _____s.
나는 축구화가 없어.

❹ I have no _____ _____s.
나는 권투 장갑이 없어.

 「I have no ~」는 '~이 없다'라는 뜻으로 I don't have와 비슷한 뜻이에요.

18 Taxi Driver 택시 운전사

airplane pilot
비행기 조종사

movie actor
영화 배우

animal doctor
수의사(동물 의사)

taxi driver
택시 운전사

영단어	뜻 쓰기	영단어 정확하게 쓰기		
animal* [ǽniməl] 동물	동물	a	n	
doctor* [dάktər] 의사		d	o	
taxi [tǽksi] 택시		t	a	
driver [dráivər] 운전사		d	r	
airplane [ɛ́ərplein] 비행기		a	i	
pilot* [páilət] 조종사		p	i	
movie [múːvi] 영화		m	o	
actor* [ǽktər] (남자) 배우		a	c	

 *pilot은 원래 비행기 조종사가 아닌 배를 조종하는 사람, 즉 조타수였어요. 그 후에 비행기가 나오기 시작하면서 뜻이 바뀐 거예요. 이렇게 단어의 뜻은 시간이 지나면서 바뀌기도 해요.

*actor 남자 배우 ↔ actress[ǽktris] 여자 배우 / *animal doctor (수의사)는 vet[vet]이라고도 해요.

A 그림을 보고 단어를 연상하여 빈칸에 알맞은 뜻을 쓰세요.

animal   doctor   airplane   pilot

taxi   driver   movie   actor

 B 단어의 짝을 맞추어 빈칸에 알맞은 영단어를 쓰세요.

① 영화 배우   _____ actor   _____

② 비행기 조종사   airplane _____   _____

③ 택시 운전사   _____ driver   _____

④ 수의사   animal _____   _____

C 우리말에 알맞게 영어 문장을 완성하세요.

① My dad is an _____ _____.
나의 아빠는 비행기 조종사야.

② My mom is an _____ _____.
나의 엄마는 수의사야.

③ My uncle is a _____ _____.
나의 삼촌은 택시 운전사야.

④ My cousin is a _____ _____.
나의 사촌은 영화 배우야.

airplane이나 animal처럼 첫 발음이 a, e, i, o, u로 시작하는 단어 앞에는 'a' 대신 'an'을 써야 해요.

19 Treasure Island 보물섬

ship captain
선장

picture map
그림 지도

treasure island
보물섬

gold coin
금화(금 동전)

영단어	뜻 쓰기	영단어 정확하게 쓰기
ship [ʃip] 배	배	s　　　　h
captain* [kǽptin] 선장		c　　　　a
picture [píktʃər] 그림		p　　　　i
map [mæp] 지도		m　　　　a
treasure [tréʒər] 보물		t
island* [áilənd] 섬		i　　　　s
gold [gould] 금		g　　　　o
coin [kɔin] 동전		c　　　　o

 *captain이라는 말에는 머리라는 뜻이 포함되어 있어요. 그래서 cap은 머리에 쓰는 '모자'가 되고, captain은 머리
역할을 하는 '대장'이나 '선장'이 되는 거예요.

*island에서 's'는 소리가 나지 않는 묵음이에요. 발음에 주의하세요.

A 그림을 보고 단어를 연상하여 빈칸에 알맞은 뜻을 쓰세요.

ship   captain   picture   map

treasure   island   gold   coin

 B 단어의 짝을 맞추어 빈칸에 알맞은 영단어를 쓰세요.

① 그림 지도 _____ map _____

② 보물섬 treasure _____ _____

③ 금화 _____ coin _____

④ 선장 ship _____ _____

C 우리말에 알맞게 영어 문장을 완성하세요.

① Where is the _____ _____?
보물섬이 어디 있어?

② Where is the _____ _____?
금화가 어디 있어?

③ Where is the _____ _____?
선장이 어디 있어?

④ Where is the _____ _____?
그림 지도가 어디 있어?

gold coin 금화 ↔ silver[sílvər] coin 은화

58

20 Little Prince 어린 왕자

little prince
어린 왕자

dark sky
어두운 하늘

wise fox
현명한 여우

flower garden
꽃 정원

영단어	뜻 쓰기	영단어 정확하게 쓰기
little* [lítl] 어린	어린	l · · · i · · ·
prince* [prins] 왕자		p · · · r · · ·
dark [daːrk] 어두운		d · · · a · · ·
sky [skai] 하늘		s · · · k · · ·
flower [fláuər] 꽃		f · · · l · · ·
garden [gáːrdn] 정원		g · · · a · · ·
wise [waiz] 현명한		w · · · i · · ·
fox [fɑks] 여우		f · · · o · · ·

 *little은 '어린'이라는 뜻도 있지만 '작은'이라는 뜻으로도 많이 쓰여요. 예 a little star 작은 별
*prince 왕자 ↔ princess 공주

59

A 그림을 보고 단어를 연상하여 빈칸에 알맞은 뜻을 쓰세요.

little   prince   dark   sky

flower   garden   wise   fox

B 단어의 짝을 맞추어 빈칸에 알맞은 영단어를 쓰세요.

① 현명한 여우   _____ fox   _____

② 꽃 정원   flower _____   _____

③ 어두운 하늘   _____ sky   _____

④ 어린 왕자   little _____   _____

C 우리말에 알맞게 영어 문장을 완성하세요.

① I see a _____ _____ .
나는 현명한 여우를 봐.

② I see a _____ _____ .
나는 어두운 하늘을 봐.

③ I see a _____ _____ .
나는 어린 왕자를 봐.

④ I see a _____ _____ .
나는 꽃 정원을 봐.

 『*The Little Prince*(어린 왕자)』는 생텍쥐페리 작가의 유명한 동화예요.

60

16~20과 다시 써 보기

A 그림을 보고 빈칸에 알맞은 영단어를 쓰세요.

배드민턴　　　라켓　　　　　　　　　　　　수영　　　모자

축구　　　　신발　　　　　　　　　　　　권투　　　장갑

B 그림을 보고 짝이 되는 단어를 찾아 연결한 다음 빈칸에 쓰세요.

❶ table　　　•　　　　•　riding　　　▶ _____

❷ ice　　　　•　　　　•　driver　　　▶ _____

❸ horse　　•　　　　•　hockey　　　▶ _____

❹ foot　　　•　　　　•　doctor　　　▶ _____

❺ taxi　　　•　　　　•　actor　　　　▶ _____

❻ airplane　•　　　　•　tennis　　　▶ *table tennis*

❼ movie　　•　　　　•　baseball　　▶ _____

❽ animal　　•　　　　•　pilot　　　　▶ _____

C 빈칸에 알맞은 영단어를 보기 에서 골라 쓰세요.

> 보기   little, glove, treasure, airplane, picture, racket, garden, horse

❶ I enjoy _____ riding.   나는 승마를 즐겨.

❷ I have no boxing _____s.   나는 권투 장갑이 없어.

❸ Where is the _____ island?   보물섬이 어디 있어?

❹ I see a flower _____.   나는 꽃 정원을 봐.

❺ I see a _____ prince.   나는 어린 왕자를 봐.

❻ Where is the _____ map?   그림 지도가 어디 있어?

❼ My dad is an _____ pilot.   나의 아빠는 비행기 조종사야.

❽ I have no badminton _____.   나는 배드민턴 라켓이 없어.

D 다음 크로스워드 퍼즐을 영어로 채우세요.

가로

❶ 아이스하키

❷ 현명한 여우

❸ 금화

❹ 수영 모자

세로

❺ 영화 배우

21 Giant Man 거대한 남자

giant man
거대한 남자(거인)

great king
위대한 왕

many people
많은 사람들

strong rope
강한 밧줄

영단어	뜻 쓰기	영단어 정확하게 쓰기
giant [dʒáiənt] 거대한	거대한	g i
man* [mæn] 남자		m a
great [greit] 위대한		g r
king* [kiŋ] 왕		k i
many [méni] 많은		m a
people [píːpl] 사람들		p e
strong [strɔːŋ] 강한		s t
rope [roup] 밧줄		r o

 서로 반대되는 단어를 비교해서 알아 두세요.
*man 남자 ↔ woman[wúmən] 여자, *king 왕 ↔ queen[kwiːn] 여왕

giant   man   great   king

many   people   strong   rope

B 단어의 짝을 맞추어 빈칸에 알맞은 영단어를 쓰세요.

❶ 강한 밧줄   _____ rope   _____

❷ 위대한 왕   great _____   _____

❸ 거대한 남자   _____ man   _____

❹ 많은 사람들   many _____   _____

C 우리말에 알맞게 영어 문장을 완성하세요.

❶ I need the _____ _____ .
나는 그 위대한 왕이 필요해.

❷ I need the _____ _____ .
나는 그 거대한 남자가 필요해.

❸ I need the _____ _____ .
나는 그 많은 사람들이 필요해.

❹ I need the _____ _____ .
나는 그 강한 밧줄이 필요해.

 people은 '사람들'이고 person [pə́:rsn]은 '사람'이에요.

64

22 Poor Princess 불쌍한 공주

magic mirror
요술 거울

poor princess
불쌍한 공주

bad queen
나쁜 왕비

good hunter
좋은 사냥꾼

영단어	뜻 쓰기	영단어 정확하게 쓰기	
magic [mǽdʒik] 요술	요술	m	a
mirror [mírər] 거울		m	i
poor* [puər] 불쌍한		p	o
princess [prínses] 공주		p	r
bad [bæd] 나쁜		b	a
queen [kwiːn] 왕비, 여왕		q	u
good [gud] 좋은		g	o
hunter* [hʌ́ntər] 사냥꾼		h	u

 *poor는 '불쌍한'이라는 뜻 외에 '가난한'이라는 뜻도 있어요. 예 I like to help poor people. 나는 가난한 사람들을 돕고 싶다.

hunt(사냥하다) + er(사람) = *hunter(사냥하는 사람, 사냥꾼)

A 그림을 보고 단어를 연상하여 빈칸에 알맞은 뜻을 쓰세요.

magic   mirror   poor   princess

bad   queen   good   hunter

B 단어의 짝을 맞추어 빈칸에 알맞은 영단어를 쓰세요.

❶ 좋은 사냥꾼   _____ hunter

❷ 불쌍한 공주   poor _____

❸ 나쁜 왕비   _____ queen

❹ 요술 거울   magic _____

C 우리말에 알맞게 영어 문장을 완성하세요.

❶ There is a _____ _____.
나쁜 왕비가 있어.

❷ There is a _____ _____.
요술 거울이 있어.

❸ There is a _____ _____.
좋은 사냥꾼이 있어.

❹ There is a _____ _____.
불쌍한 공주가 있어.

 「There is ~」는 '~이 있다'라는 뜻으로 사람이 한 명이나 물건이 한 개가 있을 때 써요.

음원 듣기.

23 Brave Boy 용감한 소년

brave boy
용감한 소년

clever monkey
똑똑한 원숭이

wild rabbit
야생 토끼

dangerous snake
위험한 뱀

영단어	뜻 쓰기	영단어 정확하게 쓰기
dangerous [déindʒərəs] 위험한	위험한	d
snake [sneik] 뱀		s　　　n
brave [breiv] 용감한		b　　　r
boy* [bɔi] 소년		b　　　o
clever* [klévər] 똑똑한		c　　　l
monkey [mʌ́ŋki] 원숭이		m　　　o
wild [waild] 야생의		w　　　i
rabbit [rǽbit] 토끼		r　　　a

 smart는 공부를 잘해서 똑똑한 경우에 많이 쓰이고 *clever는 머리를 잘 굴려서 똑똑하다는 뜻으로 많이 쓰여요.
*boy 소년 ↔ girl[gəːrl] 소녀

67

A 그림을 보고 단어를 연상하여 빈칸에 알맞은 뜻을 쓰세요.

dangerous　snake

brave　boy

wild　rabbit

clever　monkey

B 단어의 짝을 맞추어 빈칸에 알맞은 영단어를 쓰세요.

❶ 용감한 소년　_____　boy　_____

❷ 야생 토끼　wild　- - - - - - - - - - -　_____

❸ 똑똑한 원숭이　_____　monkey　_____

❹ 위험한 뱀　dangerous _____　_____

C 우리말에 알맞게 영어 문장을 완성하세요.

❶ Are you a _____ _____?
네가 용감한 소년이니?

❷ Are you a _____ _____?
네가 야생 토끼니?

❸ Are you a _____ _____?
네가 위험한 뱀이니?

❹ Are you a _____ _____?
네가 똑똑한 원숭이니?

 「You are ~(너는 ~이다.)」에서 주어와 동사를 바꿔 「Are you ~?(너는 ~이니?)」로 하면 의문문이 돼요.

음원듣기

24 First Bear 첫 번째 곰

first bear
첫 번째 곰

second deer
두 번째 사슴

third wolf
세 번째 늑대

fourth elephant
네 번째 코끼리

영단어	뜻 쓰기	영단어 정확하게 쓰기
first* [fə:rst] 첫 번째의	첫 번째의	f ⸻⸻ i ⸻⸻
bear* [ber] 곰		b ⸻⸻ e ⸻⸻
second* [sékənd] 두 번째의		s ⸻⸻ e ⸻⸻
deer [diər] 사슴		d ⸻⸻ e ⸻⸻
third [θə:rd] 세 번째의		t ⸻⸻ h ⸻⸻
wolf [wulf] 늑대		w ⸻⸻ o ⸻⸻
fourth [fɔ:rθ] 네 번째의		f ⸻⸻ o ⸻⸻
elephant [élifənt] 코끼리		e ⸻⸻ l ⸻⸻

 아주 옛날에는 *bear의 색깔이 갈색이라 곰을 그냥 'brown'이라고 불렀대요. 그러다가 갈색(brown)이라는 단어
가 조금씩 변하면서 b하고 r만 남아 곰이 bear가 된 거예요.

첫 번째, 두 번째 등 순서를 나타낼 때는 one, two가 아닌 *first, *second 등으로 써요. 이런 순서를 나타내는 수
를 '서수'라고 불러요.

69

A 그림을 보고 단어를 연상하여 빈칸에 알맞은 뜻을 쓰세요.

first   bear   third   wolf

second   deer   fourth   elephant

B 단어의 짝을 맞추어 빈칸에 알맞은 영단어를 쓰세요.

❶ 첫 번째 곰   _____ bear   _____

❷ 두 번째 사슴   second _____   _____

❸ 세 번째 늑대   _____ wolf   _____

❹ 네 번째 코끼리   fourth _____   _____

C 우리말에 알맞게 영어 문장을 완성하세요.

❶ Is it the _____ _____?
그것이 첫 번째 곰이니?

❷ Is it the _____ _____?
그것이 두 번째 사슴이니?

❸ Is it the _____ _____?
그것이 세 번째 늑대니?

❹ Is it the _____ _____?
그것이 네 번째 코끼리니?

 「It is ~(그것이 ~이다.)」에서 주어와 동사를 바꿔 「Is it ~?(그것이 ~이니?)」으로 하면 의문문이 돼요.

25 Fifth Rat 다섯 번째 쥐

fifth rat
다섯 번째 쥐

sixth turkey
여섯 번째 칠면조

seventh giraffe
일곱 번째 기린

eighth zebra
여덟 번째 얼룩말

영단어	뜻 쓰기	영단어 정확하게 쓰기		
fifth* [fifθ] 다섯 번째의	다섯 번째의	f	i	
rat* [ret] 쥐		r	a	
sixth [siksθ] 여섯 번째의		s	i	
turkey [tə́:rki] 칠면조		t	u	
seventh [sévnθ] 일곱 번째의		s	e	
giraffe [dʒərǽf] 기린		g	i	
eighth* [eitθ] 여덟 번째의		e	i	
zebra [zí:brə] 얼룩말		z	e	

 five(ve가 f로 변함) + th = *fifth

*rat은 일반 쥐를 말하고 mouse[maus]는 작은 생쥐를 말해요.

eight(t가 연속으로 나와서 하나를 생략) + th = *eighth

A 그림을 보고 단어를 연상하여 빈칸에 알맞은 뜻을 쓰세요.

fifth   rat   seventh   giraffe

sixth   turkey   eighth   zebra

B 단어의 짝을 맞추어 빈칸에 알맞은 영단어를 쓰세요.

① 다섯 번째 쥐 _____ rat _____

② 여섯 번째 칠면조   sixth _____ _____

③ 일곱 번째 기린 _____ giraffe _____

④ 여덟 번째 얼룩말   eighth _____ _____

C 우리말에 알맞게 영어 문장을 완성하세요.

① Do you like the _____ _____?
너는 다섯 번째 쥐를 좋아하니?

② Do you like the _____ _____?
너는 여섯 번째 칠면조를 좋아하니?

③ Do you like the _____ _____?
너는 일곱 번째 기린을 좋아하니?

④ Do you like the _____ _____?
너는 여덟 번째 얼룩말을 좋아하니?

 「You like ~(너는 ~를 좋아해.)」를 의문문으로 바꾸려면 맨 앞에 Do를 넣어 「Do you like ~?」로 써요.

21~25과 다시 써 보기

A 그림을 보고 빈칸에 알맞은 영단어를 쓰세요.

첫 번째의	곰				세 번째의	늑대
두 번째의	사슴				네 번째의	코끼리

B 그림을 보고 짝이 되는 단어를 찾아 연결한 다음 빈칸에 쓰세요.

1. giant •   • rope ▸ _____
2. many •   • princess ▸ _____
3. great •   • people ▸ _____
4. strong •   • hunter ▸ _____
5. poor •   • queen ▸ _____
6. bad •   • mirror ▸ _____
7. magic •   • man ▸ *giant man*
8. good •   • king ▸ _____

빈칸에 알맞은 영단어를 보기 에서 골라 쓰세요.

보기　strong, second, dangerous, elephant, princess, giraffe, sixth, monkey

❶ Is it the _____ deer?　그것이 두 번째 사슴이니?

❷ Do you like the seventh _____?　너는 일곱 번째 기린을 좋아하니?

❸ I need the _____ rope.　나는 강한 밧줄이 필요해.

❹ There is a poor _____.　불쌍한 공주가 있어.

❺ Are you a _____ snake?　네가 위험한 뱀이니?

❻ Are you a clever _____?　네가 똑똑한 원숭이니?

❼ Do you like _____ turkey?　너는 여섯 번째 칠면조를 좋아하니?

❽ Is it the fourth _____?　그것이 네 번째 코끼리니?

D 다음 크로스워드 퍼즐을 영어로 채우세요.

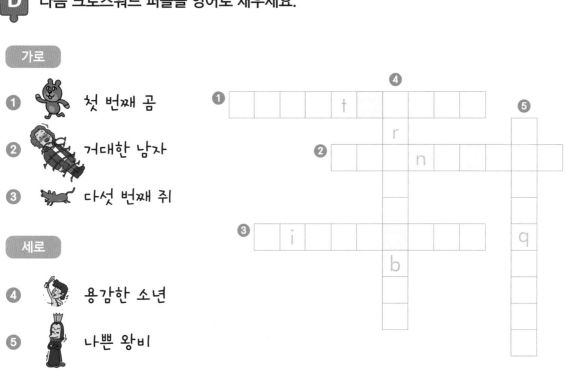

가로

❶ 첫 번째 곰

❷ 거대한 남자

❸ 다섯 번째 쥐

세로

❹ 용감한 소년

❺ 나쁜 왕비

26 Ninth Bat 아홉 번째 박쥐

Finish

ninth bat	tenth frog
아홉 번째 박쥐	열 번째 개구리

eleventh shark	twelfth dolphin
열한 번째 상어	열두 번째 돌고래

영단어	뜻 쓰기	영단어 정확하게 쓰기
ninth* [nainθ] 아홉 번째의	아홉 번째의	n i
bat* [bæt] 박쥐		b a
tenth [tenθ] 열 번째의		t e
frog [frɔ:g] 개구리		f r
eleventh [ilévənθ] 열한 번째의		e l
shark [ʃa:rk] 상어		s h
twelfth* [twélfθ] 열두 번째의		t w
dolphin [dá:lfin] 돌고래		d o

nine(e가 없어짐) + th = *ninth
*bat은 '박쥐'라는 뜻 외에 '방망이'라는 뜻도 있어요. 예 a baseball bat 야구 방망이
twelve(ve가 f로 바뀜) + th = *twelfth예요. 열세 번째 서수부터는 <부록-숫자 익히기>에 나와요.

A 그림을 보고 단어를 연상하여 빈칸에 알맞은 뜻을 쓰세요.

ninth   bat   eleventh   shark

Finish

tenth   frog   twelfth   dolphin

B 단어의 짝을 맞추어 빈칸에 알맞은 영단어를 쓰세요.

1 아홉 번째
   박쥐   _____ bat   _____

2 열 번째
   개구리   tenth _____   _____

3 열한 번째
   상어   _____ shark   _____

4 열두 번째
   돌고래   twelfth _____   _____

C 우리말에 알맞게 영어 문장을 완성하세요.

1 I don't like the _____ _____ .
   나는 아홉 번째 박쥐를 싫어해.

2 I don't like the _____ _____ .
   나는 열 번째 개구리를 싫어해.

3 I don't like the _____ _____ .
   나는 열한 번째 상어를 싫어해.

4 I don't like the _____ _____ .
   나는 열두 번째 돌고래를 싫어해.

 「I like ~(나는 ~를 좋아해.)」에 don't를 넣은 「I don't like ~」는 '나는 ~를 싫어해.'라는 부정의 뜻이 돼요.

76

27 Fat Pig 뚱뚱한 돼지

angry chicken
화난 닭

fat pig
뚱뚱한 돼지

milk cow
젖소

ugly duck
못생긴 오리

영단어	뜻 쓰기	영단어 정확하게 쓰기		
angry [ǽŋgri] 화난	화난	a	n	
chicken [tʃíkin] 닭		c	h	
fat [fæt] 뚱뚱한		f	a	
pig [pig] 돼지		p	i	
milk [milk] 젖, 우유		m	i	
cow [kau] (암)소		c	o	
ugly [ʌ́gli] 못생긴		u	g	
duck [dʌk] 오리		d	u	

 새끼 돼지 piglet[píglit], 병아리 chick[tʃik], 송아지 calf[kæf], 아기 오리 duckling[dʌ́kliŋ] 등과 같이 아기 동물을 나타내는 표현도 알아 두세요. duckling이 들어간 안데르센의 이야기가 있는데, 바로 『*The Ugly Duckling*(미운 오리 새끼)』이에요.

음원듣기

77

A 그림을 보고 단어를 연상하여 빈칸에 알맞은 뜻을 쓰세요.

angry   chicken   fat   pig

milk   cow   ugly   duck

B 단어의 짝을 맞추어 빈칸에 알맞은 영단어를 쓰세요.

① 젖소 _____ cow _____

② 못생긴 오리 ugly _____ _____

③ 뚱뚱한 돼지 _____ pig _____

④ 화난 닭 angry _____ _____

C 우리말에 알맞게 영어 문장을 완성하세요.

① Do you know the _____ _____?
너는 그 화난 닭을 아니?

② Do you know the _____ _____?
너는 그 젖소를 아니?

③ Do you know the _____ _____?
너는 그 못생긴 오리를 아니?

④ Do you know the _____ _____?
너는 그 뚱뚱한 돼지를 아니?

 chicken은 '닭'이라는 뜻도 있지만, 여러분이 좋아하는 치킨인 '닭고기'라는 뜻도 있어요.

28 Korean Tiger 한국의 호랑이

Korean tiger 한국의 호랑이

American eagle 미국의 독수리

British lion 영국의 사자

Australian kangaroo 호주의 캥거루

영단어	뜻 쓰기	영단어 정확하게 쓰기
Korean* [kəríːən] 한국의	한국의	K o
tiger [táigər] 호랑이		t i
American [əmérikən] 미국의		A
eagle [íːgl] 독수리		e a
British [brítiʃ] 영국의		B r
lion [láiən] 사자		l i
Australian [ɔːstréilijən] 호주의		A
kangaroo [kæŋgərúː] 캥거루		k

 각 나라를 상징하는 동물들이 있어요. 예로 우리나라는 국토의 70%가 산악 지역이고 호랑이가 많아 '호랑이의 나라'라고 부르기도 했어요. *Korean은 '한국의'라는 뜻 외에 '한국어, 한국 사람'이라는 의미도 있어요.

예 Bill can speak Korean. 빌은 한국어로 말할 수 있다.

A 그림을 보고 단어를 연상하여 빈칸에 알맞은 뜻을 쓰세요.

Korean   tiger

American   eagle

British   lion

Australian kangaroo

B 단어의 짝을 맞추어 빈칸에 알맞은 영단어를 쓰세요.

❶ 한국의 호랑이 _____ tiger _____

❷ 영국의 사자 British _____ _____

❸ 호주의 캥거루 _____ kangaroo _____

❹ 미국의 독수리 American _____ _____

C 우리말에 알맞게 영어 문장을 완성하세요.

❶ I like to see the _____ _____.
나는 영국의 사자를 보고 싶어.

❷ I like to see the _____ _____.
나는 한국의 호랑이를 보고 싶어.

❸ I like to see the _____
_____.
나는 호주의 캥거루를 보고 싶어.

❹ I like to see the _____
_____.
나는 미국의 독수리를 보고 싶어.

문장에서 사자, 호랑이, 캥거루, 독수리는 실제 동물이 아니라, 위의 그림처럼 각 나라의 상징을 말해요.
더 많은 나라와 언어는 〈부록-나라와 언어〉에서 찾아 볼 수 있어요.

음원 듣기

29 Sweet Potato 고구마

난, 달콤한 감자

달걀을 품고 있지!

돼지 소시지~

내 안에 고기 있음!

sweet potato
고구마(달콤한 감자)

egg sandwich
달걀 샌드위치

pork sausage
돼지고기 소시지

meat pie
고기 파이

영단어	뜻 쓰기	영단어 정확하게 쓰기	
sweet* [swi:t] 달콤한	달콤한	s	w
potato* [pətéitou] 감자		p	o
egg [eg] 달걀		e	g
sandwich [sǽndwitʃ] 샌드위치		s	
pork* [pɔːrk] 돼지고기		p	o
sausage [sɔ́ːsidʒ] 소시지		s	a
meat [miːt] 고기		m	e
pie [pai]] 파이		p	i

*sweet potato와 *potato는 둘다 뿌리 식물이고 생김새도 비슷해요. 다만 고구마는 좀 더 달아서 sweet potato (달콤한 감자)라고 하는 거예요.

돼지는 pig이고 돼지고기는 *pork예요. 구분해서 쓰세요.

A 그림을 보고 단어를 연상하여 빈칸에 알맞은 뜻을 쓰세요.

sweet potato

난, 달콤한 감자
달걀을 품고 있지!

egg sandwich

pork sausage

돼지 소시지~
내 안에 고기 있음!

meat pie

B 단어의 짝을 맞추어 빈칸에 알맞은 영단어를 쓰세요.

1. 돼지고기 소시지 ______ sausage ______
2. 고기 파이 meat ______ ______
3. 고구마 ______ potato ______
4. 달걀 샌드위치 egg ______ ______

C 우리말에 알맞게 영어 문장을 완성하세요.

1. I like to eat ______ ______s.
나는 고기 파이가 먹고 싶어.

2. I like to eat ______ ______es.
나는 달걀 샌드위치가 먹고 싶어.

3. I like to eat ______ ______es.
나는 고구마가 먹고 싶어.

4. I like to eat ______ ______s.
나는 돼지고기 소시지가 먹고 싶어.

보통 어떤 음식을 먹고 싶다고 할 때, 딱 한 개만 먹겠다는 표현이 아니죠? 그래서 음식 이름 뒤에 's'나 'es'를 붙여요. 보통 단어 끝에 'o', 'ch', 's' 등이 오면 's' 대신 'es'를 붙여요.

30 Lemon Tea 레몬차

lemon tea
레몬차

chocolate milk
초콜릿 우유

fruit juice
과일 주스

drinking water
마시는 물(식수)

영단어	뜻 쓰기	영단어 정확하게 쓰기		
lemon [lémən] 레몬	레몬	l e		
tea [ti:] 차		t e		
chocolate* [tʃɔ́:kəlit] 초콜릿		c		
milk [milk] 우유	m	i		
fruit [fru:t] 과일	f	r		
juice [dʒu:s] 주스	j	u		
drinking [dríŋkiŋ] 마시는	d	r		
water [wɔ́:tər] 물	w	a		

 달콤한 초콜릿(*chocolate)이 원래는 '쓴(chocol) + 물(ate)'이라는 뜻이었어요. 초콜릿의 원료가 써서 그런 거죠.
지금은 초콜릿이 딱딱한 형태로 많이 나오지만 옛날에는 물처럼 마셨대요.

A 그림을 보고 단어를 연상하여 빈칸에 알맞은 뜻을 쓰세요.

lemon   tea   chocolate   milk

fruit   juice   drinking   water

B 단어의 짝을 맞추어 빈칸에 알맞은 영단어를 쓰세요.

❶ 레몬차   _____ tea   _____

❷ 마시는 물   drinking _____   _____

❸ 과일 주스   _____ juice   _____

❹ 초콜릿 우유   chocolate _____   _____

C 우리말에 알맞게 영어 문장을 완성하세요.

❶ I like to drink _____ _____.
나는 초콜릿 우유를 마시고 싶어.

❷ I like to drink _____ _____.
나는 과일 주스를 마시고 싶어.

❸ I like to drink _____ _____.
나는 레몬차를 마시고 싶어.

❹ I like to drink _____ _____.
나는 마시는 물(식수)을 마시고 싶어.

 「I like to ~」는 '~하고 싶어.'라는 뜻으로 뒤에 drink, eat, go와 같은 동사가 와요.

06 26~30과 다시 써 보기

A 그림을 보고 빈칸에 알맞은 영단어를 쓰세요.

화난	닭	뚱뚱한	돼지

젖	소	못생긴	오리

B 그림을 보고 짝이 되는 단어를 찾아 연결한 다음 빈칸에 쓰세요.

❶ sweet • • pie ▶ _____

❷ egg • • tiger ▶ _____

❸ pork • • kangaroo ▶ _____

❹ meat • • lion ▶ _____

❺ Korean • • eagle ▶ _____

❻ American • • sausage ▶ _____

❼ British • • sandwich ▶ _____

❽ Australian • • potato ▶ sweet potato

C 빈칸에 알맞은 영단어를 (보기) 에서 골라 쓰세요.

> **보기** chocolate, angry, eleventh, duck, fruit, sausages, eagle, dolphin

1 Do you know the _____ chicken? 너는 그 화난 닭을 아니?

2 I like to eat pork _____. 나는 돼지고기 소시지가 먹고 싶어.

3 I like to drink _____ juice. 나는 과일 주스를 마시고 싶어.

4 I don't like the twelfth _____. 나는 열두 번째 돌고래를 싫어해.

5 I don't like the _____ shark. 나는 열한 번째 상어를 싫어해.

6 I like to see the American _____. 나는 미국의 독수리를 보고 싶어.

7 I like to drink _____ milk. 나는 초콜릿 우유를 마시고 싶어.

8 Do you know the ugly _____? 너는 그 못생긴 오리를 아니?

D 다음 크로스워드 퍼즐을 영어로 채우세요.

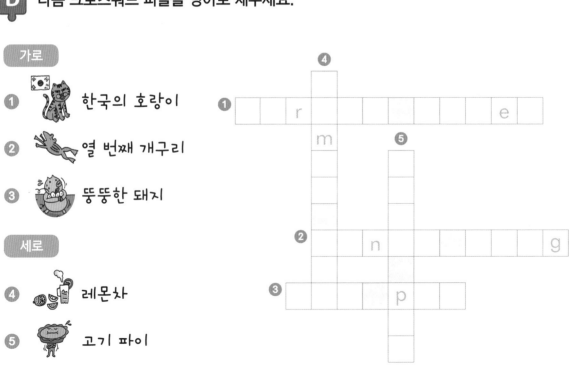

가로

1 한국의 호랑이

2 열 번째 개구리

3 뚱뚱한 돼지

세로

4 레몬차

5 고기 파이

86

Movie Theater 영화관

movie theater
영화관

superhero
초인적 영웅

free ticket
무료 티켓

popcorn
팝콘

영단어	뜻 쓰기	영단어 정확하게 쓰기
movie [mú:vi] 영화	영화	m ─────── o ───────
theater [θíːətər] 극장		t ─────── h ───────
super* [súːpər] 최고의, 강력한		s ─────── u ───────
hero* [híːrou] 영웅		h ─────── e ───────
free [friː] 무료의		f ─────── r ───────
ticket [tikit] 티켓, 표		t ─────── i ───────
pop* [pɑp] 펑 하고 터지다		p ─────── o ───────
corn* [kɔːrn] 옥수수		c ─────── o ───────

 어벤져스(Avengers)나 배트맨(Batman)과 같은 초인적 영웅(*superhero)은 한 단어로 붙여 써요.

옥수수(*corn)를 펑 하고 터뜨려서(*pop) 만든 것이 팝콘(*popcorn)이에요. 이 말도 한 단어로 굳어져서 붙여 써요.

A 그림을 보고 단어를 연상하여 빈칸에 알맞은 뜻을 쓰세요.

movie   theater

super   hero

free   ticket

pop   corn

B 단어의 짝을 맞추어 빈칸에 알맞은 영단어를 쓰세요.

❶ 무료 티켓   _____ ticket

❷ 영화관   movie _____

❸ 초인적 영웅   _____ hero

❹ 팝콘   pop _____

C 우리말에 알맞게 영어 문장을 완성하세요.

❶ I really like the _____ .
나는 그 초인적 영웅이 정말 좋아.

❷ I really like the _____ .
나는 그 팝콘이 정말 좋아.

❸ I really like the _____ _____ .
나는 그 무료 티켓이 정말 좋아.

❹ I really like the _____ _____ .
나는 그 영화관이 정말 좋아.

 팝콘(popcorn)은 봉지 안에 아주 많은 알갱이가 있어서 popcorn 앞에는 하나를 뜻하는 'a'를 쓰지 않아요.

32 Best Friend 최고의 친구

12 × 13 =	45 × 15 =
23 × 25 =	14 × 29 =
27 × 36 =	23 × 37 =

math teacher 수학 선생님

school nurse 양호 선생님(학교 간호사)

sleepy classmate 졸린 반 친구

best friend 최고의 친구

영단어	뜻 쓰기	영단어 정확하게 쓰기
math [mæθ] 수학	수학	m _____ a _____
teacher* [tíːtʃər] 선생님		t _____ e _____
school [skuːl] 학교		s _____ c _____
nurse [nəːrs] 간호사		n _____ u _____
sleepy [slíːpi] 졸린		s _____ l _____
classmate* [klǽsmeit] 반 친구		c _____
best* [best] 최고의		b _____ e _____
friend* [frend] 친구		f _____ r _____

 teach(가르치다) + er(사람) = *teacher(가르치는 사람, 선생님)
class(반) + mate(친구) = *classmate(반 친구, 급우)
가장 친한 친구, 요즘 말로 '절친'을 *best friend라고 해요.

A 그림을 보고 단어를 연상하여 빈칸에 알맞은 뜻을 쓰세요.

math   teacher

school   nurse

sleepy   classmate

best   friend

B 단어의 짝을 맞추어 빈칸에 알맞은 영단어를 쓰세요.

❶ 최고의 친구   _____ friend   _____

❷ 졸린 반 친구   sleepy _____   _____

❸ 수학 선생님   _____ teacher   _____

❹ 양호 선생님   school _____   _____

C 우리말에 알맞게 영어 문장을 완성하세요.

❶ He is my _____ _____ .
그는 나의 수학 선생님이야.

❷ He is my _____ _____ .
그는 나의 최고의 친구야.

❸ She is my _____ _____ .
그녀는 나의 양호 선생님이야.

❹ She is my _____ _____ .
그녀는 나의 졸린 반 친구야.

 math(수학)는 mathematics의 줄임말이에요.

33 Market Street 시장 길

market street
시장 길

new clothes
새 옷

cheap pants
싼 바지

expensive shirt
비싼 셔츠

영단어	뜻 쓰기	영단어 정확하게 쓰기		
market [má:rkit] 시장	시장	m	a	
street [stri:t] 길, 거리		s	t	
new [nju:] 새		n	e	
clothes [klouz] 옷		c	l	
cheap [tʃi:p] 싼		c	h	
pants* [pænts] 바지		p	a	
expensive [ikspénsiv] 비싼		e		
shirt [ʃə:rt] 셔츠		s	h	

*pants는 항상 s를 붙여 써야 해요. 옛날 영국의 바지는 다리 한 쪽씩 따로 입는 바지여서 바지가 두 개였대요. 지금은 하나로 합쳐졌지만 옛날 두 개였던 관습이 남아서 지금도 바지에 s를 붙이는 거예요.

A 그림을 보고 단어를 연상하여 빈칸에 알맞은 뜻을 쓰세요.

market   street   new   clothes

cheap   pants   expensive   shirt

B 단어의 짝을 맞추어 빈칸에 알맞은 영단어를 쓰세요.

❶ 싼 바지   _____ pants   _____

❷ 새 옷   new _____   _____

❸ 시장 길   _____ street   _____

❹ 비싼 셔츠   expensive _____   _____

C 우리말에 알맞게 영어 문장을 완성하세요.

❶ There are many _____ _____.
   새 옷이 많이 있다.

❷ There are many _____ _____s.
   시장 길들이 많이 있다.

❸ There are many _____ _____s.
   비싼 셔츠가 많이 있다.

❹ There are many _____ _____.
   싼 바지들이 많이 있다.

clothes는 원래 cloth(천)의 복수였어요. 여러 개의 천으로 옷을 만드니까요. 지금은 '옷'이라는 뜻으로 바뀌었어요.

92

34 Left Hand 왼손

left hand
왼손

right arm
오른팔

middle finger
가운뎃손가락

sharp fingernail
날카로운 손톱

영단어	뜻 쓰기	영단어 정확하게 쓰기		
left [left] 왼쪽의	왼쪽의	l	e	
hand [hænd] 손		h	a	
right* [rɑit] 오른쪽의		r	i	
arm [ɑ:rm] 팔		a	r	
middle [mídl] 가운데의		m	i	
finger [fíŋgər] 손가락		f	i	
sharp [ʃɑ:rp] 날카로운		s	h	
fingernail [fíŋgərneil] 손톱		f		

 *right는 '오른쪽의'라는 뜻 외에 '맞는, 옳은'이라는 뜻도 있어요. 예 That's right. 맞아.

그림을 보고 단어를 연상하여 빈칸에 알맞은 뜻을 쓰세요.

left   hand

right   arm

middle   finger

sharp   fingernail

B 단어의 짝을 맞추어 빈칸에 알맞은 영단어를 쓰세요.

① 가운뎃손가락   finger

② 왼손   left

③ 오른팔   arm

④ 날카로운 손톱   sharp

C 우리말에 알맞게 영어 문장을 완성하세요.

① Show me your _____ _____.
나에게 네 왼손을 보여 줘.

② Show me your _____ _____.
나에게 네 오른팔을 보여 줘.

③ Show me your _____ _____.
나에게 네 가운뎃손가락을 보여 줘.

④ Show me your _____ _____.
나에게 네 날카로운 손톱을 보여 줘.

 fingernail 대신 nail만 써도 '손톱'이라는 뜻이 돼요.

35 Park Bench 공원 벤치

park bench
공원 벤치

bank clerk
은행 직원

hospital car
병원 차

hotel room
호텔 방

영단어	뜻 쓰기	영단어 정확하게 쓰기
park [pɑːrk] 공원	공원	p a
bench* [bentʃ] 벤치, 긴 의자		b e
bank* [bæŋk] 은행		b a
clerk [klə:rk] 직원		c l
hospital* [háːspitl] 병원		h o
car [kɑːr] 차		c a
hotel* [houtél] 호텔		h o
room [ru:m] 방		r o

*bench는 '테이블'처럼 넓고 긴 의자를 말하며, *bank는 '테이블'에서 돈 거래가 이루어졌다고 해요. 그래서 두 단어의 뿌리가 같아요. *hospital과 hotel은 둘다 쉬는 곳으로 두 단어의 뿌리도 같아서 똑같이 'ho'가 들어가 지요.

A 그림을 보고 단어를 연상하여 빈칸에 알맞은 뜻을 쓰세요.

park   bench   _____   _____   bank   clerk
_____   _____   _____   _____

hospital   car   _____   _____   hotel   room
_____   _____   _____   _____

B 단어의 짝을 맞추어 빈칸에 알맞은 영단어를 쓰세요.

❶ 호텔 방   _____ room _____

❷ 병원 차   hospital _____

❸ 은행 직원   _____ clerk

❹ 공원 벤치   park _____

C 우리말에 알맞게 영어 문장을 완성하세요.

❶ Go to the _____ _____ .
은행 직원에게 가라.

❷ Go to the _____ _____ .
호텔 방으로 가라.

❸ Go to the _____ _____ .
병원 차로 가라.

❹ Go to the _____ _____ .
공원 벤치로 가라.

 Go처럼 움직임을 나타내는 말(동사)로 시작하는 문장은 '~해라'라는 명령의 뜻이에요.

A 그림을 보고 빈칸에 알맞은 영단어를 쓰세요.

시장   길   새   옷

싼   바지   비싼   셔츠

B 그림을 보고 짝이 되는 단어를 찾아 연결한 다음 빈칸에 쓰세요.

❶ movie ·   · ticket   ▸ _____

❷ super ·   · theater   ▸ movie theater

❸ pop ·   · nurse   ▸ _____

❹ free ·   · friend   ▸ _____

❺ best ·   · teacher   ▸ _____

❻ sleepy ·   · classmate   ▸ _____

❼ math ·   · hero   ▸ _____

❽ school ·   · corn   ▸ _____

C 빈칸에 알맞은 영단어를 **보기** 에서 골라 쓰세요.

보기 classmate, bench, sharp, expensive, market, ticket, hospital, hand

① Go to the _____ car. 병원 차로 가라.

② I really like the free _____. 나는 그 무료 티켓이 정말 좋아.

③ There are many _____ shirts. 비싼 셔츠가 많이 있다.

④ Show me your left _____. 나에게 네 왼손을 보여 줘.

⑤ Show me your _____ fingernail. 나에게 네 날카로운 손톱을 보여 줘.

⑥ Go to the park _____. 공원 벤치로 가라.

⑦ There are many _____ streets. 시장 길들이 많이 있다.

⑧ She is my sleepy _____. 그녀는 나의 졸린 반 친구야.

D 다음 크로스워드 퍼즐을 영어로 채우세요.

가로

① 호텔 방

② 오른팔

③ 팝콘

④ 수학 선생님

세로

⑤ 새 옷

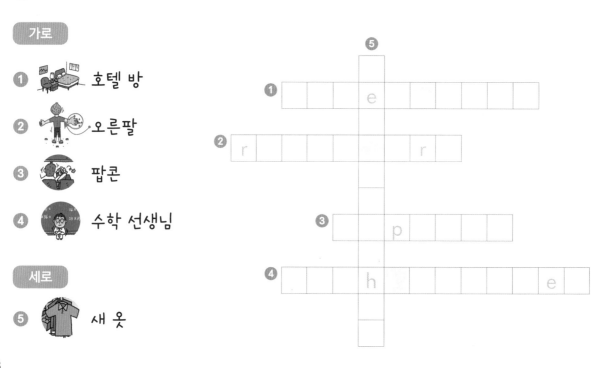

98

36 Clean Bathroom 깨끗한 욕실

clean bathroom
깨끗한 욕실

soap bubble
비누 거품

soft towel
부드러운 수건

toothbrush
칫솔

영단어	뜻 쓰기	영단어 정확하게 쓰기		
clean [kli:n] 깨끗한	깨끗한	c	l	
bathroom* [bǽθru:m] 욕실		b		
soap [soup] 비누		s	o	
bubble [bʌ́bəl] 거품		b	u	
soft [sɔ:ft] 부드러운		s	o	
towel [tául] 수건		t	o	
tooth* [tu:θ] 이		t	o	
brush* [brʌʃ] 솔		b	r	

 bath(목욕) + room(방)= *bathroom 목욕하는 방(욕실)

*tooth(이)와 *brush(솔)가 합쳐져 이를 닦는 솔을 뜻하는 toothbrush(칫솔)가 된 거예요.

A 그림을 보고 단어를 연상하여 빈칸에 알맞은 뜻을 쓰세요.

clean   bathroom   soap   bubble

soft   towel   tooth   brush

 B 단어의 짝을 맞추어 빈칸에 알맞은 영단어를 쓰세요.

❶ 깨끗한 욕실   _____ bathroom   _____

❷ 비누 거품   soap _____   _____

❸ 부드러운 수건   _____ towel   _____

❹ 칫솔   tooth _____   _____

C 우리말에 알맞게 영어 문장을 완성하세요.

❶ Use the _____ _____.
깨끗한 욕실을 사용해라.

❷ Use the _____ _____.
비누 거품을 사용해라.

❸ Use the _____ _____.
부드러운 수건을 사용해라.

❹ Use the _____.
칫솔을 사용해라.

use는 동사와 명사로 사용할 때 각각 발음이 달라요. 동 [juːz] 사용하다 명 [juːs] 사용, 이용
끝 발음을 유의하세요. 여기서는 동사로 쓰였어요.

37 Glass Cup 유리컵

음원듣기

glass cup
유리컵

silver spoon
은수저

plastic fork
플라스틱 포크

paper plate
종이 접시

영단어	뜻 쓰기	영단어 정확하게 쓰기	
glass [glæs] 유리	유리	g	l
cup [kʌp] 컵		c	u
silver [sílvər] 은		s	i
spoon [spuːn] 숟가락		s	p
plastic [plǽstik] 플라스틱		p	l
fork [fɔːrk] 포크		f	o
paper* [péipər] 종이		p	a
plate [pleit] 접시		p	l

 옛날에는 파피루스(papyrus)라는 식물로 종이를 만들었대요. 그래서 철자가 비슷한 *paper가 '종이'가 된 거예요.

A 그림을 보고 단어를 연상하여 빈칸에 알맞은 뜻을 쓰세요.

glass   cup   silver   spoon

_____   _____   _____   _____

plastic   fork   paper   plate

_____   _____   _____   _____

B 단어의 짝을 맞추어 빈칸에 알맞은 영단어를 쓰세요.

❶ 종이 접시   _____ plate   _____

❷ 플라스틱 포크   plastic _____   _____

❸ 유리컵   _____ cup   _____

❹ 은수저   silver _____   _____

C 우리말에 알맞게 영어 문장을 완성하세요.

❶ Give me the _____ _____.
나에게 은수저를 줘.

❷ Give me the _____ _____.
나에게 유리컵을 줘.

❸ Give me the _____ _____.
나에게 플라스틱 포크를 줘.

❹ Give me the _____ _____.
나에게 종이 접시를 줘.

 '~을 나에게 줘.'라고 말할 때는 「Give me ~.」 라는 표현을 쓰면 돼요.

38 Mr. Stone 스톤 씨

Ms. Love 러브 씨

Mr. Stone 스톤 씨

Mrs. Bell 벨 부인

Miss Rose 로즈 양

영단어	뜻 쓰기	영단어 정확하게 쓰기
Mr.* [mister] (남성) ~ 씨	~ 씨	M ____ r. ____
Stone* [stoun] 돌		S ____ t ____
Ms.* [miz] (여성) ~ 씨		M ____ s. ____
Love* [lʌv] 사랑		L ____ o ____
Mrs.* [misiz] (여성) ~ 부인		M ____ r ____
Bell* [bel] 종		B ____ e ____
Miss* [mis] (여성) ~ 양		M ____ i ____
Rose* [rouz] 장미		R ____ o ____

 *Mr.는 남자의 성·성명 앞에 붙이고, *Ms.는 결혼과 상관 없이 여자의 성·성명 앞에 붙이며 *Mrs.는 결혼한 여자의 성·성명 앞에 붙여요. *Miss는 결혼 안 한 여자의 성·성명 앞에 붙여요.

미국에는 *Stone, *Bell, *Love, *Rose처럼 재미있는 성을 가진 사람들이 많아요. 이때 성과 이름의 첫 글자는 대문자로 써야 해요.

Mr. Stone

스톤 씨

Ms. Love

Mrs. Bell

Miss Rose

B 단어의 짝을 맞추어 빈칸에 알맞은 영단어를 쓰세요.

❶ 스톤 씨 _____ Stone _____

❷ 벨 부인 Mrs. _____

❸ 러브 씨 _____ Love

❹ 로즈 양 Miss _____

C 우리말에 알맞게 영어 문장을 완성하세요.

❶ This is _____ _____ .
이분은 스톤 씨야.

❷ This is _____ _____ .
이분은 벨 부인이야.

❸ This is _____ _____ .
이분은 러브 씨야.

❹ This is _____ _____ .
이분은 로즈 양이야.

 성으로 쓰일 때 말고 원래 단어로 쓰일 때는 돌은 stone, 좋은 bell, 사랑은 love, 장미는 rose로 모두 첫 글자를 소문자로 써요.

104

음원 듣기

39 Excellent Father 뛰어난 아버지

excellent father
뛰어난 아버지

wonderful mother
훌륭한 어머니

teenage son
십대 아들

young daughter
어린 딸

영단어	뜻 쓰기	영단어 정확하게 쓰기
excellent [éksələnt] 뛰어난	뛰어난	e
father [fá:ðər] 아버지		f a
wonderful [wʌ́ndəful] 훌륭한		w
mother [mʌ́ðər] 어머니		m o
teenage* [tí:neidʒ] 십대의		t e
son [sʌn] 아들		s o
young [jʌŋ] 어린		y o
daughter* [dɔ́:tər] 딸		d

teen(십) + age(나이) = *teenage (십대의)

*daughter에서 'gh'는 소리가 나지 않는 묵음이에요. 발음할 때 유의하세요.

A 그림을 보고 단어를 연상하여 빈칸에 알맞은 뜻을 쓰세요.

excellent   father

wonderful   mother

teenage   son

young   daughter

B 단어의 짝을 맞추어 빈칸에 알맞은 영단어를 쓰세요.

1 어린 딸   _____ **daughter**

2 십대 아들   **teenage** _____

3 뛰어난 아버지   _____ **father**

4 훌륭한 어머니   **wonderful** _____

C 우리말에 알맞게 영어 문장을 완성하세요.

1 He has an _____ _____.
그는 뛰어난 아버지가 있어.

2 He has a _____ _____.
그는 훌륭한 어머니가 있어.

3 He has a _____ _____.
그는 십대 아들이 있어.

4 He has a _____ _____.
그는 어린 딸이 있어.

He나 She 뒤에서는 have가 has로 바뀌어요.

106

40 Homework 숙제

moonlight
달빛

thunderstorm
폭풍우

homework
숙제

crosswalk
횡단보도

영단어	뜻 쓰기	영단어 정확하게 쓰기		
moon* [muːn] 달	달	m	o	
light* [lait] 빛		l	i	
thunder* [θʌndər] 천둥		t	h	
storm* [stɔːrm] 폭풍		s	t	
home* [houm] 집		h	o	
work* [wəːrk] 일		w	o	
cross* [krɔ́ːs] 가로지르다		c	r	
walk* [wɔːk] 걷다		w	a	

 여기 나온 표현은 모두 두 단어가 합쳐져서 하나의 단어로 만들어진 거예요. 달(*moon)에서 나는 빛(*light) - 달빛(moonlight), 천둥(*thunder)과 폭풍(*storm)이 치는 비 - 폭풍우(thunderstorm), 집(*home)에서 하는 일 (*work) - 숙제(homework), 가로질러(*cross) 걷는(*walk) 길 - 횡단보도(crosswalk)

그림을 보고 단어를 연상하여 빈칸에 알맞은 뜻을 쓰세요.

home   work   moon   light

cross   walk   thunder   storm

B 단어의 짝을 맞추어 빈칸에 알맞은 영단어를 쓰세요.

❶ 폭풍우　　_____storm

❷ 횡단보도　　cross_____

❸ 달빛　　_____light

❹ 숙제　　home_____

C 우리말에 알맞게 영어 문장을 완성하세요.

❶ Look at the _____.
달빛을 봐.

❷ Look at the _____.
폭풍우를 봐.

❸ Look at the _____.
횡단보도를 봐.

❹ Look at the _____.
숙제를 봐.

 두 단어가 합쳐진 하나의 단어이니 항상 붙여서 쓰세요.

36~40과 다시 써 보기

A 그림을 보고 빈칸에 알맞은 영단어를 쓰세요.

뛰어난　　아버지

훌륭한　　어머니

십대의　　아들

어린　　딸

B 그림을 보고 짝이 되는 단어를 연결한 다음 빈칸에 쓰세요. (앞에서 배운 짝 단어로 연결하세요.)

❶ glass •　　• plate　▶_____

❷ silver •　　• brush　▶_____

❸ plastic •　　• spoon　▶_____

❹ paper •　　• bathroom ▶_____

❺ clean •　　• cup　▶ glass cup_____

❻ soap •　　• towel　▶_____

❼ soft •　　• fork　▶_____

❽ tooth •　　• bubble　▶_____

109

C 빈칸에 알맞은 영단어를 보기 에서 골라 쓰세요.

보기 clean, plastic, Stone, thunderstorm, excellent, Mrs., daughter, towel

❶ Give me the _____ fork. 나에게 플라스틱 포크를 줘.

❷ This is Mr. _____. 이분은 스톤 씨야.

❸ This is _____ Bell. 이분은 벨 부인이야.

❹ He has a young _____. 그는 어린 딸이 있어.

❺ Look at the _____. 폭풍우를 봐.

❻ He has an _____ father. 그는 뛰어난 아버지가 있어.

❼ Use the _____ bathroom. 깨끗한 욕실을 사용해라.

❽ Use the soft _____. 부드러운 수건을 사용해라.

D 다음 크로스워드 퍼즐을 영어로 채우세요.

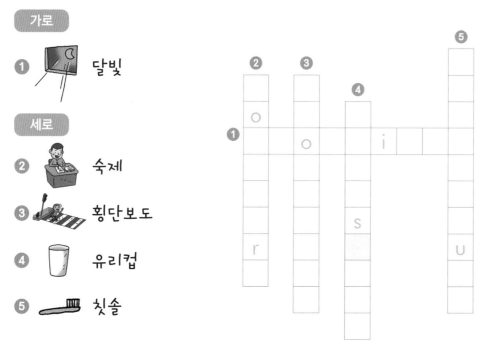

가로

❶ 달빛

세로

❷ 숙제

❸ 횡단보도

❹ 유리컵

❺ 칫솔

Very Happy 매우 행복한

very happy
매우 행복한

really hungry
정말 배고픈

too sad
너무나 슬픈

so sorry
너무 미안한

영단어	뜻 쓰기	영단어 정확하게 쓰기
very [véri] 매우	매우	v e
happy [hǽpi] 행복한		h a
really [ríːəli] 정말		r e
hungry [hʌ́ŋgri] 배고픈		h u
too [tuː] 너무나		t o
sad [sæd] 슬픈		s a
so [sou] 너무		s o
sorry* [sári] 미안한		s o

*sorry는 '미안한' 이외에 '유감스러운'이라는 뜻도 있어요. 예 I'm sorry to hear the news. 그 소식을 듣게 되어 유감이다.

A 그림을 보고 단어를 연상하여 빈칸에 알맞은 뜻을 쓰세요.

very	happy			really	hungry

too	sad			so	sorry

B 단어의 짝을 맞추어 빈칸에 알맞은 영단어를 쓰세요.

① 너무나 슬픈 _____ sad _____

② 정말 배고픈 really _____ _____

③ 너무 미안한 _____ sorry _____

④ 매우 행복한 very _____ _____

C 우리말에 알맞게 영어 문장을 완성하세요.

① I'm _____ _____ .
내가 너무 미안해.

② I'm _____ _____ .
나는 너무나 슬퍼.

③ I'm _____ _____ .
나는 매우 행복해.

④ I'm _____ _____ .
나는 정말 배고파.

 I'm은 I am을 줄인 말이에요. 대화에서 주로 줄여서 말해요.

42 Cricket Jump 귀뚜라미 뛰다

음원 듣기

cricket jump	dog bark	mouse run	bird sing
귀뚜라미 뛰다	개 짖다	쥐 달리다	새 노래하다

영단어	뜻 쓰기	영단어 정확하게 쓰기	
cricket [kríkit] 귀뚜라미	귀뚜라미	c	r
jump [dʒʌmp] 뛰다		j	u
dog [dɔːg] 개		d	o
bark* [báːrk] 짖다		b	a
mouse [maus] 쥐		m	o
run [rʌn] 달리다		r	u
bird [bəːrd] 새		b	i
sing [siŋ] 노래하다		s	i

 *bark(짖다)라는 단어는 개가 짖는 소리를 표현하는 단어예요. 옛날 영국 사람들은 개가 '박 박'하고 짖는 것으로 들렸나 봐요. 여기서는 단어와 짝 단어를 먼저 배우는 거예요. 완벽한 영어 문장은 다음 쪽의 문제 C에서 익힐 수 있어요.

113

그림을 보고 단어를 연상하여 빈칸에 알맞은 뜻을 쓰세요.

cricket   jump   dog   bark

mouse   run   bird   sing

B 단어의 짝을 맞추어 빈칸에 알맞은 영단어를 쓰세요.

① 쥐 달리다 _____ run _____

② 새 노래하다 bird _____ _____

③ 개 짖다 _____ bark _____

④ 귀뚜라미 뛰다 cricket _____ _____

C 우리말에 알맞게 영어 문장을 완성하세요.

① A _____ _____s at night.
밤에는 쥐가 달려.

② A _____ _____s in the morning.
아침에는 새가 노래해.

③ A _____ _____s in the evening.
저녁에는 개가 짖어.

④ A _____ _____s in the afternoon.
오후에는 귀뚜라미가 뛰어.

 '나'와 '너'를 제외한 그, 그녀, 사람 한 명이나 동물 한 마리(3인칭 단수)가 주어면 동사 뒤에 's'를 붙여요.

43 Plane Fly 비행기 날다

음원 듣기

plane fly
비행기 날다

train start
기차 출발하다

bus stop
버스 멈추다

boat sail
배 항해하다

영단어	뜻 쓰기	영단어 정확하게 쓰기		
plane* [plein] 비행기	비행기	p	l	
fly [flai] 날다		f	l	
train [trein] 기차		t	r	
start [staːrt] 출발하다		s	t	
bus* [bʌs] 버스		b	u	
stop* [stap] 멈추다		s	t	
boat* [bout] 배		b	o	
sail [seil] 항해하다		s	a	

*plane = airplane[ɛ́ərplein]

*bus *stop은 '버스 정류장'이라는 뜻으로도 많이 쓰여요.

*boat는 고기잡이 배 같은 작은 배를 말하고 ship은 여객선 같은 큰 배를 말해요. 여기서는 단어와 짝 단어를 배우고 완벽한 문장은 다음 쪽의 문제 C에서 익혀 보세요.

115

A 그림을 보고 단어를 연상하여 빈칸에 알맞은 뜻을 쓰세요.

plane	fly			train	start

bus	stop			boat	sail

B 단어의 짝을 맞추어 빈칸에 알맞은 영단어를 쓰세요.

① 비행기 날다   _____ fly

② 버스 멈추다   bus   _____

③ 배 항해하다   _____ sail

④ 기차 출발하다   train   _____

C 우리말에 알맞게 영어 문장을 완성하세요.

① A white _____ es.
하얀색 비행기가 날아.

② A green _____ _____ s.
초록색 버스가 멈춰.

③ A yellow _____ _____ s.
노란색 배가 항해해.

④ A black _____ _____ s.
검정색 기차가 출발해.

3인칭 단수가 주어면 동사에 's'를 붙이는데, fly처럼 y로 끝날 경우에는 y를 i로 고치고 es를 붙여야 돼요.
예 fly → flies

44 Sun Shine 해 비추다

음원 듣기

| sun shine 해 비추다 | | cloud cover 구름 덮다 |
| rain come 비 오다 | | wind blow 바람 불다 |

영단어	뜻 쓰기	영단어 정확하게 쓰기
sun [sʌn] 해	해	s ─── u ───
shine [ʃain] 비추다		s ─── h ───
cloud [klaud] 구름		c ─── l ───
cover [kʌvər] 덮다		c ─── o ───
rain* [rein] 비		r ─── a ───
come [kʌm] 오다		c ─── o ───
wind [wind] 바람		w ─── i ───
blow [blou] 불다		b ─── l ───

 *rain은 '비'라는 뜻 이외에 '비 오다'라는 동사로도 사용해요. 예 It rains. 비가 내린다.
여기서도 단어와 짝 단어 먼저 배우고 완벽한 영어 문장은 다음 쪽의 문제 C에서 익혀요.

A 그림을 보고 단어를 연상하여 빈칸에 알맞은 뜻을 쓰세요.

sun   shine   cloud   cover

_____   _____   _____   _____

rain   come   wind   blow

_____   _____   _____   _____

B 단어의 짝을 맞추어 빈칸에 알맞은 영단어를 쓰세요.

❶ 해 비추다   _____ shine   _____

❷ 비 오다   rain _____   _____

❸ 바람 불다   _____ blow   _____

❹ 구름 덮다   cloud _____   _____

C 우리말에 알맞게 영어 문장을 완성하세요.

❶ The _____ _____s.
해가 비춰.

❷ The _____ _____s down.
비가 내려.

❸ The _____ _____s.
바람이 불어.

❹ The _____ _____s the mountain.
구름이 산을 덮어.

 비(rain)는 하늘에서 땅 아래(down) 쪽으로 내리니까 The rain comes down.이라고 많이 써요.

118

45 Wash Face 얼굴 씻다

wash face
얼굴 씻다

wear dress
옷 입다

put lotion
로션 바르다

have soup
수프 먹다

영단어	뜻 쓰기	영단어 정확하게 쓰기		
wash [waʃ] 씻다	씻다	w	a	
face [feis] 얼굴		f	a	
wear [wɛər] 입다		w	e	
dress* [dres] 옷		d	r	
put [put] 바르다		p	u	
lotion [lóuʃn] 로션		l	o	
have* [hæv] 먹다		h	a	
soup [suːp] 수프		s	o	

*dress는 앞에서 익힌 clothes와 같은 뜻이지만, 주로 드레스나 원피스를 말해요.

*have는 '가지다'의 뜻으로 많이 쓰이지만 음식 앞에서는 '먹다'라는 뜻으로 쓰여요. 먹는 것도 배 속에 들어가면 '가지게'되는 거니까 이런 표현이 생긴 것이 아닐까요?

A 그림을 보고 단어를 연상하여 빈칸에 알맞은 뜻을 쓰세요.

wash face

얼굴 씻다

wear dress

put lotion

have soup

B 단어의 짝을 맞추어 빈칸에 알맞은 영단어를 쓰세요.

❶ 로션 바르다 _____ lotion _____

❷ 얼굴 씻다 wash _____ _____

❸ 수프 먹다 _____ soup _____

❹ 드레스 입다 wear _____ _____

C 우리말에 알맞게 영어 문장을 완성하세요.

❶ I'll _____ my _____.
나는 얼굴을 씻을 거야.

❷ I'll _____ _____ on my face.
나는 얼굴에 로션을 바를 거야.

❸ I'll _____ a _____.
나는 드레스를 입을 거야.

❹ I'll _____ _____.
나는 수프를 먹을 거야.

 I'll은 I will을 줄여서 쓴 것으로, '~할 거야'라는 뜻이에요. 대화에서는 주로 줄여서 말해요.

A 그림을 보고 빈칸에 알맞은 영단어를 쓰세요.

해　　　비추다　　　　　　　　　　　　　　　구름　　　덮다

비　　　오다　　　　　　　　　　　　　　　바람　　　불다

B 그림을 보고 짝이 되는 단어를 찾아 연결한 다음 빈칸에 쓰세요.

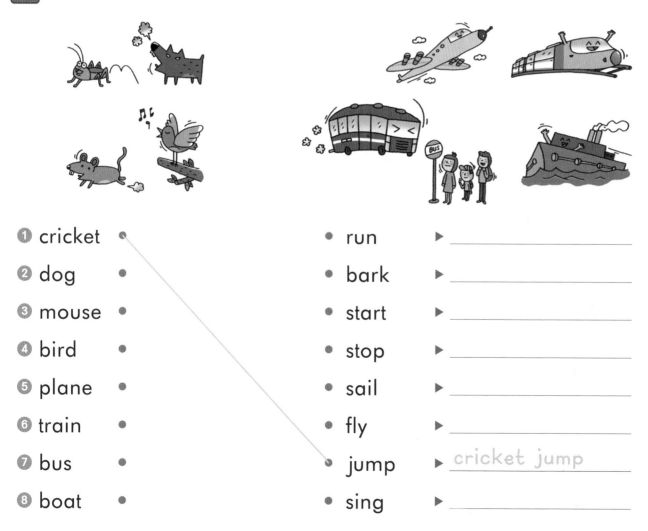

① cricket ·　　　· run ▶ _____

② dog ·　　　· bark ▶ _____

③ mouse ·　　　· start ▶ _____

④ bird ·　　　· stop ▶ _____

⑤ plane ·　　　· sail ▶ _____

⑥ train ·　　　· fly ▶ _____

⑦ bus ·　　　· jump ▶ cricket jump

⑧ boat ·　　　· sing ▶ _____

C 빈칸에 알맞은 영단어를 [보기] 에서 골라 쓰세요.

[보기] boat, cloud, shine, face, soup, very, bark, hungry

① The _____ covers the mountain. 구름이 산을 덮어.

② I'll wash my _____. 나는 얼굴을 씻을 거야.

③ I'm _____ happy. 나는 매우 행복해.

④ I'm really _____. 나는 정말 배고파.

⑤ A yellow _____ sails. 노란색 배가 항해해.

⑥ A dog _____s in the evening. 저녁에는 개가 짖어.

⑦ I'll have _____. 나는 수프를 먹을 거야.

⑧ The sun _____s. 해가 비춰.

D 다음 크로스워드 퍼즐을 영어로 채우세요.

[가로]

① 비 오다

② 버스 멈추다

③ 새 노래하다

[세로]

④ 얼굴 씻다

⑤ 너무나 슬픈

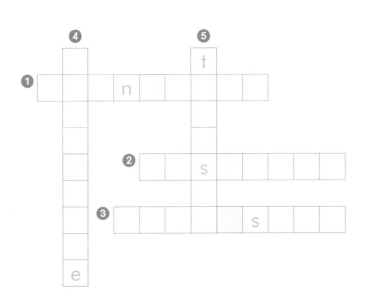

46 Watch TV 텔레비전 보다

open window 창문 열다

close curtain 커튼 치다

watch TV 텔레비전 보다

make food 음식 만들다

영단어	뜻 쓰기	영단어 정확하게 쓰기		
open [óupən] 열다	열다	o	p	
window [wíndou] 창문		w	i	
close [klouz] 닫다, 치다		c	l	
curtain [kə́:rtn] 커튼		c	u	
watch* [wɑ:tʃ] 보다		w	a	
TV [ti:vi:] 텔레비전		T	V	
make [meik] 만들다		m	a	
food [fu:d] 음식		f	o	

 *watch는 '보다'라는 뜻 외에 '시계'라는 뜻도 있어요. 예 He looks at his watch. 그는 그의 시계를 본다.

open window

창문 열다

close curtain

watch TV

make food

B 단어의 짝을 맞추어 빈칸에 알맞은 영단어를 쓰세요.

❶ 창문 열다 _____ window

❷ 텔레비전 보다 watch _____

❸ 커튼 치다 _____ curtain

❹ 음식 만들다 make _____

C 우리말에 알맞게 영어 문장을 완성하세요.

❶ My mom _____ s _____.
나의 엄마는 음식을 만들어.

❷ My dad _____ s the _____.
나의 아빠는 커튼을 쳐.

❸ My uncle _____ s the _____.
나의 삼촌은 창문을 열어.

❹ My aunt _____ es _____.
나의 이모는 텔레비전을 봐.

엄마(mom), 아빠(dad), 삼촌(uncle), 이모(aunt)는 모두 3인칭 단수예요. 그래서 동사 뒤에 s를 붙이는데, 동사가 'ch'로 끝나면 's'가 아니라 'es'를 붙여요.

47 Push Door 문 밀다

push door
문 밀다

catch fish
물고기 잡다

kick can
깡통 차다

climb mountain
산 오르다

영단어	뜻 쓰기	영단어 정확하게 쓰기		
push [puʃ] 밀다	밀다	p	u	
door [dɔːr] 문		d	o	
catch [kætʃ] 잡다		c	a	
fish [fiʃ] 물고기		f	i	
kick* [kik] 차다		k	i	
can* [kæn] 깡통		c	a	
climb* [klaim] 오르다		c	l	
mountain [máuntn] 산		m		

*kick과 함께 많이 쓰이는 단어에는 ball도 있어요. 예 Paul kicks the ball. 폴은 공을 찬다.

*can은 깡통이라는 뜻 외에 '~ 할 수 있다'라는 뜻도 있어요. 예 I can play the piano. 나는 피아노를 칠 수 있다.

*climb에서 b는 소리가 나지 않는 묵음이에요.

A 그림을 보고 단어를 연상하여 빈칸에 알맞은 뜻을 쓰세요.

push door

문 밀다

catch fish

_____

kick can

_____

climb mountain

_____

B 단어의 짝을 맞추어 빈칸에 알맞은 영단어를 쓰세요.

❶ 산 오르다   _____ mountain   _____

❷ 깡통 차다   kick _____   _____

❸ 문 밀다   _____ door   _____

❹ 물고기 잡다   catch _____   _____

C 우리말에 알맞게 영어 문장을 완성하세요.

❶ I _____ the _____ , too.
나도 산에 올라가.

❷ I _____ the _____ , too.
나도 깡통을 차.

❸ I _____ the _____ , too.
나도 문을 밀어.

❹ I _____ the _____ , too.
나도 물고기를 잡아.

문장 끝에 too가 붙으면 '~도'라는 뜻이에요.

126

48 Read English 영어 읽다

read English
영어 읽다

hear Chinese
중국어 듣다

speak Japanese
일본어 말하다

write French
프랑스어 쓰다

영단어	뜻 쓰기	영단어 정확하게 쓰기		
read [riːd] 읽다	읽다	r	e	
English [íŋgliʃ] 영어		E	n	
hear* [hiər] 듣다		h	e	
Chinese [tʃainíːz] 중국어		C	h	
speak [spíːk] 말하다		s	p	
Japanese [dʒæpəníːz] 일본어		J		
write [rait] 쓰다		w	r	
French [frentʃ] 프랑스어		F	r	

 나라명의 첫 글자는 항상 대문자로 써요.

*hear는 소리가 들리는 것이고 listen to는 집중해서 듣는 것을 말해요.

이밖에 세계 각국의 이름과 그 나라의 언어는 〈부록-나라와 언어〉에서 다루고 있으니, 꼭 확인하세요.

127

A 그림을 보고 단어를 연상하여 빈칸에 알맞은 뜻을 쓰세요.

read English

영어 읽다

hear Chinese

speak Japanese

write French

B 단어의 짝을 맞추어 빈칸에 알맞은 영단어를 쓰세요.

❶ 영어 읽다 _____ English _____

❷ 일본어 말하다 speak _____ _____

❸ 중국어 듣다 _____ Chinese _____

❹ 프랑스어 쓰다 write _____ _____

C 우리말에 알맞게 영어 문장을 완성하세요.

❶ I can _____ _____.
나는 일본어를 말할 수 있어.

❷ I can _____ _____.
나는 영어를 읽을 수 있어.

❸ I can _____ _____.
나는 중국어를 들을 수 있어.

❹ I can _____ _____.
나는 프랑스어를 쓸 수 있어.

 can은 '~ 할 수 있다'라는 뜻으로 동사 앞에 써요.

49 Study Hard 열심히 공부하다

study hard
열심히 공부하다

eat much
많이 먹다

play with
~와 놀다

sleep well
잘 자다

영단어	뜻 쓰기	영단어 정확하게 쓰기
study [stʌ́di] 공부하다	공부하다	s t
hard* [hɑːrd] 열심히		h a
eat [iːt] 먹다		e a
much [mʌtʃ] 많이		m u
play [plei] 놀다		p l
with [wiθ] ~와 함께		w i
sleep [sliːp] 자다		s l
well [wel] 잘		w e

 *hard는 '열심히'라는 뜻 외에 '어려운'이라는 뜻도 있어요. 예 a hard question 어려운 문제

A 그림을 보고 단어를 연상하여 빈칸에 알맞은 뜻을 쓰세요.

study hard

열심히 공부하다

eat much

play with

sleep well

B 단어의 짝을 맞추어 빈칸에 알맞은 영단어를 쓰세요.

1 잘 자다 _____ well _____

2 ~와 놀다 play _____ _____

3 열심히 공부하다 _____ hard _____

4 많이 먹다 eat _____ _____

C 우리말에 알맞게 영어 문장을 완성하세요.

1 You have to _____ _____ .
너는 잘 자야 해.

2 You have to _____ _____ .
너는 많이 먹어야 해.

3 You have to _____ _____ friends.
너는 친구들과 놀아야 해.

4 You have to _____ _____ .
너는 열심히 공부해야 해.

have to는 '~해야 한다'라는 뜻이에요.

130

50 Book about ~에 관한 책

book about
~에 관한 책

answer to
~에 대한 답

photo of
~의 사진

test on
~에 관한 시험

영단어	뜻 쓰기	영단어 정확하게 쓰기		
book [buk] 책	책	b	o	
about [əbáut] ~에 관한		a	b	
answer [ǽnsər] 답		a	n	
to [tu] ~에 대한		t	o	
photo* [fóutou] 사진		p	h	
of [ʌv] ~의		o	f	
test [test] 시험		t	e	
on [ɔːn] ~에 관한		o	n	

 *photo 대신 쓸 수 있는 말로 picture가 있어요. picture는 '그림'이라는 뜻 외에 '사진'이라는 뜻으로도 많이 쓰여요.

A 그림을 보고 단어를 연상하여 빈칸에 알맞은 뜻을 쓰세요.

book about

~에 관한 책

answer to

photo of

test on

B 단어의 짝을 맞추어 빈칸에 알맞은 영단어를 쓰세요.

① ~에 관한 시험 ＿＿＿＿＿ **on** ＿＿＿＿＿

② ~에 관한 책 **book** ＿＿＿＿＿ ＿＿＿＿＿

③ ~에 대한 답 ＿＿＿＿＿ **to** ＿＿＿＿＿

④ ~의 사진 **photo** ＿＿＿＿＿ ＿＿＿＿＿

C 우리말에 알맞게 영어 문장을 완성하세요.

① This is a ＿＿＿＿＿ ＿＿＿ me.
이것은 나의 사진이야.

② This is a ＿＿＿＿＿ ＿＿＿ love.
이것은 사랑에 관한 책이야.

③ This is a ＿＿＿ ＿＿＿ English.
이것은 영어에 관한 시험이야.

④ This is an ＿＿＿＿＿ ＿＿＿
your question.
이것은 너의 질문에 대한 답이야.

question은 '질문'이라는 뜻이에요.

132

46~50과 다시 써 보기

A 그림을 보고 빈칸에 알맞은 영단어를 쓰세요.

열심히 공부하다

많이 먹다

~와 놀다

잘 자다

B 그림을 보고 짝이 되는 단어를 찾아 연결한 다음 빈칸에 쓰세요.

❶ watch •	• mountain	▶ _____
❷ make •	• curtain	▶ _____
❸ open •	• fish	▶ _____
❹ close •	• TV	▶ watch TV
❺ push •	• food	▶ _____
❻ catch •	• can	▶ _____
❼ kick •	• door	▶ _____
❽ climb •	• window	▶ _____

C 빈칸에 알맞은 영단어를 (보기)에서 골라 쓰세요.

> (보기) climb, answer, hard, close, about, Chinese, sleep, Japanese

❶ I _____ the mountain, too. 나도 산에 올라가.

❷ I can hear _____. 나는 중국어를 들을 수 있어.

❸ You have to _____ well. 너는 잘 자야 해.

❹ You have to study _____. 너는 열심히 공부해야 해.

❺ This is an _____ to your question. 이것이 너의 질문에 대한 답이야.

❻ This is a book _____ love. 이것은 사랑에 관한 책이야.

❼ My dad _____s the curtain. 나의 아빠는 커튼을 쳐.

❽ I can speak _____. 나는 일본어를 말할 수 있어.

D 다음 크로스워드 퍼즐을 영어로 채우세요.

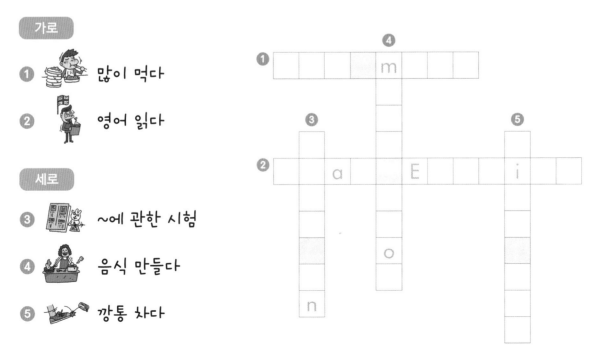

가로

❶ 많이 먹다

❷ 영어 읽다

세로

❸ ~에 관한 시험

❹ 음식 만들다

❺ 깡통 차다

나라와 언어

세계 각국의 국기, 나라 이름과 그 나라의 언어를 영어로 알아보세요.

국기	나라 이름	사용하는 언어 이름
	Korea ǀ 한국	Korean ǀ 한국어
	USA*/America ǀ 미국	English ǀ 영어
	UK/United Kingdom ǀ 영국	English ǀ 영어
	Australia ǀ 호주	English ǀ 영어
	France ǀ 프랑스	French ǀ 프랑스어
	Germany ǀ 독일	German ǀ 독일어
	Japan ǀ 일본	Japanese ǀ 일본어
	China ǀ 중국	Chinese ǀ 중국어
	Russia ǀ 러시아	Russian ǀ 러시아어
	Spain ǀ 스페인	Spanish ǀ 스페인어

 *USA는 United States of America의 약자예요.

숫자 익히기

숫자를 영어로 써 보세요.

숫자	기수	서수(~ 번째)
1	one	first
2	two	second
3	three	third
4	four	fourth
5	five	fifth*
6	six	sixth
7	seven	seventh
8	eight	eighth*
9	nine	ninth*
10	ten	tenth
11	eleven	eleventh
12	twelve	twelfth*
13	thirteen	thirteenth
14	fourteen	fourteenth
15	fifteen*	fifteenth*

 *는 철자에 주의해야 할 숫자예요.

숫자	기수	서수(~ 번째)
16	sixteen	sixteenth
17	seventeen	seventeenth
18	eighteen	eighteenth
19	nineteen	nineteenth
20	twenty	twentieth
30	thirty	thirtieth
40	forty*	fortieth
50	fifty*	fiftieth
60	sixty	sixtieth
70	seventy	seventieth
80	eighty	eightieth
90	ninety	ninetieth
100	one hundred	one hundredth
1000	one thousand	one thousandth

 21, 35, 47 등의 중간 숫자는 앞의 십자리 수를 먼저 쓰고 대시(-)를 넣고 1부터 9까지 써 주면 돼요.

예 21 twenty-one / twenty-first, 35 thirty-five / thirty-fifth, 47 forty-seven / forty-seventh

색칠하기   세계지도(map)에서 각 대륙에 맞는 색을 칠하세요.

Asia(아시아) – yellow   Africa(아프리카) – green

North America(북아메리카) – red   South America(남아메리카) – orange

Europe(유럽) – violet   Oceania(오세아니아) – pink

색칠하기

보기 의 색을 모두 사용해서 보물섬을 예쁘게 꾸며 보세요.

보기 pink, brown, black, white, yellow, red, violet, orange, green

Treasure Island

색칠하기 　보기 의 단어를 그림에서 찾아보세요.

보기

magic mirror	gold coin	wild rabbit	milk cow
sweet potato	popcorn	glass cup	toothbrush

짝 단어로 끝내는

colloccation

바쁜 친구들이 즐거워지는
빠른 학습법

바빠

3·4
학년용

초등 영단어

정답

01 16쪽

각 단원 〈쓰기 연습〉의 해답은 해당 페이지 속 왼쪽 단어와 뜻으로 확인하세요.

A (풀이 순서: 윗줄 왼쪽, 오른쪽 → 아랫줄 왼쪽, 오른쪽 순서)

큰, (한쪽) 눈 / 긴, (한쪽) 귀 / 높은, 코 / 넓은, 입

 B

① big, big eye

② nose, high nose

③ wide, wide mouth

④ ear, long ear

 C

① big eye ② wide mouth

③ long ear ④ high nose

 02 18쪽

A

짧은, 머리 / 분홍색의, (한쪽) 볼 / 둥근, 턱 / 얇은, (한쪽) 입술

B

① thin, thin lip

② cheek, pink cheek

③ round, round chin

④ hair, short hair

C

① short hair ② round chin

③ thin lip ④ pink cheek

 03 20쪽

A

흰, 밥 / 검은, 콩 / 녹색의(녹색), 샐러드 / 갈색의(갈색), 빵

 B

① white, white rice

② bread, brown bread

③ black, black bean

④ salad, green salad

 C

① white rice ② black bean

③ brown bread ④ green salad

 04 22쪽

A

노란, 바나나 / 빨간, 딸기 / 주황색의(주황색), 당근 / 보라색, 포도

 B

① yellow, yellow banana

② strawberry, red strawberry

③ violet, violet grape

④ carrot, orange carrot

 C

① violet grape ② orange carrot

③ red strawberry ④ yellow banana

05 24쪽

키 큰, 아빠 / 아름다운, 엄마 / 멋진, 오빠 / 예쁜, 여동생

❶ pretty, pretty sister

❷ dad, tall dad

❸ nice, nice brother

❹ mom, beautiful mom

C

❶ nice brother ❷ tall dad

❸ beautiful mom ❹ pretty sister

총정리 01 25~26쪽

A big, eye / long, ear / high, nose / wide, mouth

❶ yellow — banana ▶ green salad
❷ red — strawberry ▶ violet grape
❸ violet — grape ▶ orange carrot
❹ orange — carrot ▶ white rice
❺ white — rice ▶ brown bread
❻ black — bean ▶ red strawberry
❼ brown — bread ▶ yellow banana
❽ green — salad ▶ black bean

C

❶ sister ❷ round

❸ ear ❹ orange

❺ beautiful ❻ bean

❼ wide ❽ lip

D

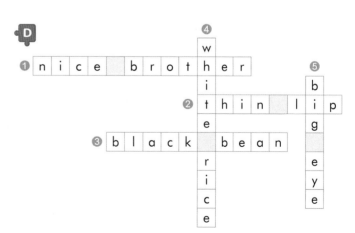

145

06 28쪽

A
친질한, 삼촌 / 똑똑한, 이모 / 게으른, 사촌 / 귀여운, 아기

B
1. lazy, lazy cousin
2. uncle, kind uncle
3. cute, cute baby
4. aunt, smart aunt

C
1. smart aunt
2. lazy cousin
3. kind uncle
4. cute baby

07 30쪽

A
1(하나), ~시, 정각 / 2(둘), 3(셋) / 4(넷), 5(다섯) / 6(여섯), 7(일곱)

B
1. one, one o'clock
2. three, two three
3. four, four five
4. seven, six seven

C
1. one o'clock
2. two three
3. four five
4. six seven

08 32쪽

A
8(여덟), 9(아홉) / 10(열), 11(열하나) / 12(열둘), 13(열셋) / 14(열넷), 15(열다섯)

B
1. eight, eight nine
2. eleven, ten eleven
3. twelve, twelve thirteen
4. fifteen, fourteen fifteen

C
1. eight nine
2. ten eleven
3. twelve thirteen
4. fourteen fifteen

09 34쪽

A
따뜻한, 봄 / 뜨거운, 여름 / 시원한, 가을 / 추운, 겨울

B
1. warm, warm spring
2. summer, hot summer
3. cool, cool fall
4. winter, cold winter

C
1. cool fall
2. hot summer
3. warm spring
4. cold winter

A

이, 컴퓨터 / 저, 의자 / 이(것)들의, 가방들 / 저(것)들의, 펜들

❸ those, those pens

❹ chair, that chair

 B

❶ these, these bags

❷ computer, this computer

 C

❶ that chair   ❷ this computer

❸ these bags   ❹ those pens

총정리 02 37~38쪽

A one, o'clock / two, three / four, five / six, seven

 B

❶ kind
❷ smart
❸ lazy
❹ cute
❺ warm
❻ hot
❼ cool
❽ cold

baby
winter
uncle
fall
aunt
summer
spring
cousin

▸ cute baby
▸ cold winter
▸ kind uncle
▸ cool fall
▸ smart aunt
▸ hot summer
▸ warm spring
▸ lazy cousin

C

❶ fall   ❷ these
❸ fifteen   ❹ six
❺ cousin   ❻ o'clock
❼ those   ❽ twelve

D

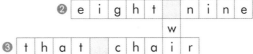
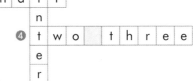

147

11 40쪽

 A

나의, 연필 / 너의, 지우개 / 그의, 공책 / 그녀의, 풀

B

① your, your eraser
② notebook, his notebook
③ my, my pencil
④ glue, her glue

 C

① your eraser ② his notebook
③ her glue ④ my pencil

 12 42쪽

 A

우리의, 시계 / 그들의, 자 / 그것의, 꼬리 / 누구의, 책상

 B

① our, our clock
② ruler, their ruler
③ whose, whose desk
④ tail, its tail

 C

① their ruler ② its tail
③ our clock ④ whose desk

 13 44쪽

 A

일요일, 아침 / 월요일, 오후 / 화요일, 저녁 / 수요일, 밤

B

① Sunday, Sunday morning
② afternoon, Monday afternoon
③ Tuesday, Tuesday evening
④ night, Wednesday night

 C

① Tuesday evening ② Monday afternoon
③ Sunday morning ④ Wednesday night

 14 46쪽

 A

목요일, 아침(밥) / 금요일, 점심(밥) / 토요일, 저녁(밥) / 주말, 파티

 B

① Thursday, Thursday breakfast
② lunch, Friday lunch
③ Saturday, Saturday dinner
④ party, weekend party

 C

① Thursday breakfast ② Friday lunch
③ Saturday dinner ④ weekend party

15

A

털, 모자 / 양털, 목도리 / 스웨터, 조끼 / 눈, 부츠 (한 짝)

B

❶ snow, snow boot

❷ scarf, wool scarf

 ❸ fur, fur hat

❹ vest, sweater vest

C

❶ wool scarf   ❷ sweater vest

❸ snow boot   ❹ fur hat

 총정리 03

A Sunday, morning / Monday, afternoon / Tuesday, evening / Wednesday, night

B

❶ my   clock   ▸ our clock
❷ your   desk   ▸ whose desk
❸ his   notebook   ▸ his notebook
❹ her   glue   ▸ her glue
❺ our   tail   ▸ its tail
❻ their   eraser   ▸ your eraser
❼ its   pencil   ▸ my pencil
❽ whose   ruler   ▸ their ruler

C

❶ Wednesday   ❷ scarf

❸ his   ❹ dinner

❺ your   ❻ clock

❼ Thursday   ❽ sweater

D

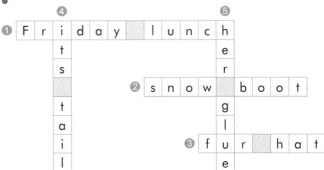

149

16 52쪽

A

탁자, 테니스 / 얼음, 하키 / 말, 타기 / 발, 야구

B

① horse, horse riding

② hockey, ice hockey

③ foot, foot baseball

④ tennis, table tennis

C

① foot baseball ② ice hockey

③ table tennis ④ horse riding

17 54쪽

A

배드민턴, 라켓 / 수영, 모자 / 축구, 신발 (한 짝) / 권투, 장갑 (한 짝)

B

① soccer, soccer shoe

② cap, swim cap

③ boxing, boxing glove

④ racket, badminton racket

C

① badminton racket ② swim cap

③ soccer shoe ④ boxing glove

18 56쪽

A

동물, 의사 / 비행기, 조종사 / 택시, 운전사 / 영화, (남자) 배우

B

① movie, movie actor

② pilot, airplane pilot

③ taxi, taxi driver

④ doctor, animal doctor

C

① airplane pilot ② animal doctor

③ taxi driver ④ movie actor

19 58쪽

A

배, 선장 / 그림, 지도 / 보물, 섬 / 금, 동전

B

① picture, picture map

② island, treasure island

③ gold, gold coin

④ captain, ship captain

C

① treasure island ② gold coin

③ ship captain ④ picture map

20

 A

어린, 왕자 / 어두운, 하늘 / 꽃, 정원 / 현명한, 여우

 ❸ dark, dark sky

❹ prince, little prince

 B

❶ wise, wise fox

❷ garden, flower garden

C

❶ wise fox ❷ dark sky

❸ little prince ❹ flower garden

 총정리 **04**

A badminton, racket / swim, cap / soccer, shoe / boxing, glove

 B

❶ table   riding   ▶ horse riding

❷ ice   driver   ▶ taxi driver

❸ horse   hockey   ▶ ice hockey

❹ foot   doctor   ▶ animal doctor

❺ taxi   actor   ▶ movie actor

❻ airplane   tennis   ▶ table tennis

❼ movie   baseball   ▶ foot baseball

❽ animal   pilot   ▶ airplane pilot

C

❶ horse   ❷ glove

❸ treasure   ❹ garden

❺ little   ❻ picture

❼ airplane   ❽ racket

D

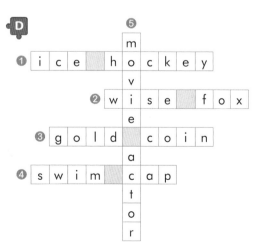

21 64쪽

 A

거대한, 남자 / 위대한, 왕 / 많은, 사람들 / 강한, 밧줄

 B

❶ strong, strong rope

❷ king, great king

❸ giant, giant man

❹ people, many people

 C

❶ great king ❷ giant man

❸ many people ❹ strong rope

 22 66쪽

 A

요술, 거울 / 불쌍한, 공주 / 나쁜, 왕비 / 좋은, 사냥꾼

B

❶ good, good hunter

❷ princess, poor princess

❸ bad, bad queen

❹ mirror, magic mirror

C

❶ bad queen ❷ magic mirror

❸ good hunter ❹ poor princess

 23 68쪽

 A

위험한, 뱀 / 용감한, 소년 / 야생의, 토끼 / 똑똑한, 원숭이

 B

❶ brave, brave boy

❷ rabbit, wild rabbit

❸ clever, clever monkey

❹ snake, dangerous snake

 C

❶ brave boy ❷ wild rabbit

❸ dangerous snake ❹ clever monkey

 24 70쪽

A

첫 번째의, 곰 / 세 번째의, 늑대 / 두 번째의, 사슴 / 네 번째의, 코끼리

 B

❶ first, first bear

❷ deer, second deer

❸ third, third wolf

❹ elephant, fourth elephant

C

❶ first bear ❷ second deer

❸ third wolf ❹ fourth elephant

A

다섯 번째의, 쥐 / 일곱 번째의, 기린 / 여섯 번째의, 칠면조 / 여덟 번째의, 얼룩말

❸ seventh, seventh giraffe

❹ zebra, eighth zebra

 C

❶ fifth rat ❷ sixth turkey

❸ seventh giraffe ❹ eighth zebra

 B

❶ fifth, fifth rat

❷ turkey, sixth turkey

 A first, bear / third, wolf / second, deer/ fourth, elephant

B

❶ giant	rope	▶ strong rope
❷ many	princess	▶ poor princess
❸ great	people	▶ many people
❹ strong	hunter	▶ good hunter
❺ poor	queen	▶ bad queen
❻ bad	mirror	▶ magic mirror
❼ magic	man	▶ giant man
❽ good	king	▶ great king

 C

❶ second ❷ giraffe

❸ strong ❹ princess

❺ dangerous ❻ monkey

❼ sixth ❽ elephant

 D

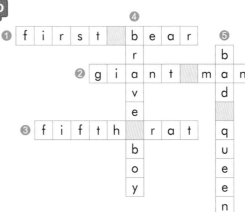

26 76쪽

A

아홉 번째의, 박쥐 / 열한 번째의, 상어 / 열 번째의, 개구리 / 열두 번째의, 돌고래

B

1. ninth, ninth bat
2. frog, tenth frog
3. eleventh, eleventh shark
4. dolphin, twelfth dolphin

C

1. ninth bat
2. tenth frog
3. eleventh shark
4. twelfth dolphin

 27 78쪽

A

화난, 닭 / 뚱뚱한, 돼지 / 젖, 소 / 못생긴, 오리

B

1. milk, milk cow
2. duck, ugly duck
3. fat, fat pig
4. chicken, angry chicken

 C

1. angry chicken
2. milk cow
3. ugly duck
4. fat pig

 28 80쪽

A

한국의, 호랑이 / 미국의, 독수리 / 영국의, 사자 / 호주의, 캥거루

B

1. Korean, Korean tiger
2. lion, British lion
3. Australian, Australian kangaroo
4. eagle, American eagle

 C

1. British lion
2. Korean tiger
3. Australian kangaroo
4. American eagle

 29 82쪽

A

달콤한, 감자 / 달걀, 샌드위치 / 돼지고기, 소시지 / 고기, 파이

B

1. pork, pork sausage
2. pie, meat pie
3. sweet, sweet potato
4. sandwich, egg sandwich

 C

1. meat pie
2. egg sandwich
3. sweet potato
4. pork sausage

30

 A

레몬, 차 / 초콜릿, 우유 / 과일, 주스 / 마시는, 물

③ fruit, fruit juice

④ milk, chocolate milk

B

❶ lemon, lemon tea

❷ water, drinking water

 C

❶ chocolate milk ❷ fruit juice

❸ lemon tea ❹ drinking water

 총정리 06

85~86쪽

A angry, chicken / fat, pig / milk, cow / ugly, duck

 B

❶ sweet — potato ▶ meat pie
❷ egg — sandwich ▶ Korean tiger
❸ pork — sausage ▶ Australian kangaroo
❹ meat — pie ▶ British lion
❺ Korean — tiger ▶ American eagle
❻ American — eagle ▶ pork sausage
❼ British — lion ▶ egg sandwich
❽ Australian — kangaroo ▶ sweet potato

 C

❶ angry ❷ sausage
❸ fruit ❹ dolphin
❺ eleventh ❻ eagle
❼ chocolate ❽ duck

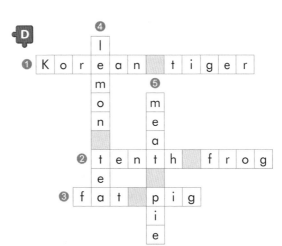 **D**

31 88쪽

A

영화, 극장 / 최고의, 영웅 / 무료의, 티켓 / 펑 하고 터지다, 옥수수

 B

1. free, free ticket
2. theater, movie theater
3. super, superhero
4. corn, popcorn

 C

1. superhero
2. popcorn
3. free ticket
4. movie theater

 32 90쪽

A

수학, 선생님 / 학교, 간호사 / 졸린, 반 친구 / 최고의, 친구

 B

1. best, best friend
2. classmate, sleepy classmate
3. math, math teacher
4. nurse, school nurse

C

1. math teacher
2. best friend
3. school nurse
4. sleepy classmate

 33 92쪽

A

시장, 길 / 새, 옷 / 싼, 바지 / 비싼, 셔츠

 B

1. cheap, cheap pants
2. clothes, new clothes
3. market, market street
4. shirt, expensive shirt

 C

1. new clothes
2. market street
3. expensive shirt
4. cheap pants

 34 94쪽

A

왼쪽의, 손/ 오른쪽의, 팔 / 가운데의, 손가락 / 날카로운, 손톱

 B

1. middle, middle finger
2. hand, left hand
3. right, right arm
4. fingernail, sharp fingernail

C

1. left hand
2. right arm
3. middle finger
4. sharp fingernail

35

A

공원, 벤치 / 은행, 직원 / 병원, 차 / 후텔 방

③ bank, bank clerk

④ bench, park bench

B

❶ hotel, hotel room

❷ car, hospital car

C

❶ bank clerk   ❷ hotel room

❸ hospital car   ❹ park bench

 07

A market, street / new, clothes / cheap, pants / expensive, shirt

B

❶ movie
❷ super
❸ pop
❹ free
❺ best
❻ sleepy
❼ math
❽ school

ticket
theater
nurse
friend
teacher
classmate
hero
corn

▶ free ticket

▶ movie theater

▶ school nurse

▶ best friend

▶ math teacher

▶ sleepy classmate

▶ superhero

▶ popcorn

C

❶ hospital   ❷ ticket

❸ expensive   ❹ hand

❺ sharp   ❻ bench

❼ market   ❽ classmate

D

36 · 100쪽

A
깨끗한, 욕실 / 비누, 기품 / 부드러운, 수건 / 이, 솔

B
① clean, clean bathroom
② bubble, soap bubble
③ soft, soft towel
④ brush, toothbrush

C
① clean bathroom ② soap bubble
③ soft towel ④ toothbrush

37 · 102쪽

A
유리, 컵 / 은, 숟가락 / 플라스틱, 포크 / 종이, 접시

B
① paper, paper plate
② fork, plastic fork
③ glass, glass cup
④ spoon, silver spoon

C
① silver spoon ② glass cup
③ plastic fork ④ paper plate

38 · 104쪽

A
스톤 씨 / 러브 씨 / 벨 부인 / 로즈 양

B
① Mr., Mr. Stone
② Bell, Mrs. Bell
③ Ms., Ms. Love
④ Rose, Miss Rose

C
① Mr. Stone ② Mrs. Bell
③ Ms. Love ④ Miss Rose

39 · 106쪽

A
뛰어난, 아버지 / 훌륭한, 어머니 / 십대의, 아들 / 어린, 딸

B
① young, young daughter
② son, teenage son
③ excellent, excellent father
④ mother, wonderful mother

C
① excellent father ② wonderful mother
③ teenage son ④ young daughter

40 108쪽

 A

집, 일 / 달, 빛 / 가로지르다, 걷다 / 천둥, 폭풍

③ moon, moonlight

④ work, homework

B

❶ thunder, thunderstorm

❷ walk, crosswalk

C

❶ moonlight ❷ thunderstorm

❸ crosswalk ❹ homework

 총정리 08 109~110쪽

A excellent, father / wonderful, mother / teenage, son / young, daughter

B

❶ glass
❷ silver
❸ plastic
❹ paper
❺ clean
❻ soap
❼ soft
❽ tooth

plate
brush
spoon
bathroom
cup
towel
fork
bubble

▶ paper plate
▶ toothbrush
▶ silver spoon
▶ clean bathroom
▶ glass cup
▶ soft towel
▶ plastic fork
▶ soap bubble

 C

❶ plastic   ❷ Stone
❸ Mrs.   ❹ daughter
❺ thunderstorm ❻ excellent
❼ clean   ❽ towel

D

Crossword:

- ❷ (down): homework
- ❸ (down): crosswalk
- ❹ (down): glasscup
- ❺ (down): toothbrush
- ❶ (across): moonlight

159

41 112쪽

A

매우, 행복한 / 정말, 배고픈 / 너무나, 슬픈 / 너무, 미안한

B

❶ too, too sad

❷ hungry, really hungry

❸ so, so sorry

❹ happy, very happy

C

❶ so sorry　　　❷ too sad

❸ very happy　　❹ really hungry

 42 114쪽

A

귀뚜라미, 뛰다 / 개, 짖다 / 쥐, 달리다 / 새, 노래하다

B

❶ mouse, mouse run

❷ sing, bird sing

❸ dog, dog bark

❹ jump, cricket jump

C

❶ mouse run　　❷ bird sing

❸ dog bark　　　❹ cricket jump

 43 116쪽

A

비행기, 날다 / 기차, 출발하다 / 버스, 멈추다 / 배, 항해하다

B

❶ plane, plane fly

❷ stop, bus stop

❸ boat, boat sail

❹ start, train start

C

❶ plane fli　　　❷ bus stop

❸ boat sail　　　❹ train start

 44 118쪽

A

해, 비추다 / 구름, 덮다 / 비, 오다 / 바람, 불다

B

❶ sun, sun shine

❷ come, rain come

❸ wind, wind blow

❹ cover, cloud cover

C

❶ sun shine　　❷ rain come

❸ wind blow　　❹ cloud cover

A

얼굴 씻다 / 옷 입다 / 로션 바르다 / 수프 먹다

❸ have, have soup

❹ dress, wear dress

 B

❶ put, put lotion

❷ face, wash face

 C

❶ wash, face   ❷ put lotion

❸ wear, dress   ❹ have soup

 A sun, shine / cloud, cover / rain, come / wind, blow

 B

❶ cricket
❷ dog
❸ mouse
❹ bird
❺ plane
❻ train
❼ bus
❽ boat

run
bark
start
stop
sail
fly
jump
sing

▸ mouse run
▸ dog bark
▸ train start
▸ bus stop
▸ boat sail
▸ plane fly
▸ cricket jump
▸ bird sing

 C

❶ cloud   ❷ face
❸ very   ❹ hungry
❺ boat   ❻ bark
❼ soup   ❽ shine

 D

161

46 124쪽

 A

창문 열다 / 커튼 치다 / 텔레비전 보다 / 음식 만들다

 B

❶ open, open window

❷ TV, watch TV

❸ close, close curtain

❹ food, make food

 C

❶ make, food   ❷ close, curtain

❸ open, window   ❹ watch, TV

 47 126쪽

 A

문 밀다 / 물고기 잡다 / 깡통 차다 / 산 오르다

 B

❶ climb, climb mountain

❷ can, kick can

❸ push, push door

❹ fish, catch fish

 C

❶ climb, mountain   ❷ kick, can

❸ push, door   ❹ catch, fish

 48 128쪽

 A

영어 읽다 / 중국어 듣다 / 일본어 말하다 / 프랑스어 쓰다

B

❶ read, read English

❷ Japanese, speak Japanese

❸ hear, hear Chinese

❹ French, write French

 C

❶ speak Japanese   ❷ read English

❸ hear Chinese   ❹ write French

 49 130쪽

A

열심히 공부하다 / 많이 먹다 / ~와 놀다 / 잘 자다

 B

❶ sleep, sleep well

❷ with, play with

❸ study, study hard

❹ much, eat much

 C

❶ sleep well   ❷ eat much

❸ play with   ❹ study hard

50 132쪽

 A

~에 관한 책 / ~에 대한 답 / ~의 사진 / ~에 관한 시험

❸ answer, answer to

❹ of, photo of

 B

❶ test, test on

❷ about, book about

 C

❶ photo of   ❷ book about

❸ test on   ❹ answer to

 총정리 10 133~134쪽

 A study hard / eat much / play with / sleep well

 B

❶ watch
❷ make
❸ open
❹ close
❺ push
❻ catch
❼ kick
❽ climb

mountain
curtain
fish
TV
food
can
door
window

▶ climb mountain
▶ close curtain
▶ catch fish
▶ watch TV
▶ make food
▶ kick can
▶ push door
▶ open window

C

❶ climb   ❷ Chinese
❸ sleep   ❹ hard
❺ answer   ❻ about
❼ close   ❽ Japanese

D

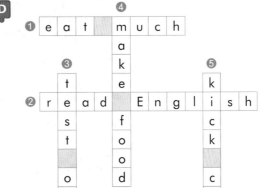

163

미로 찾기

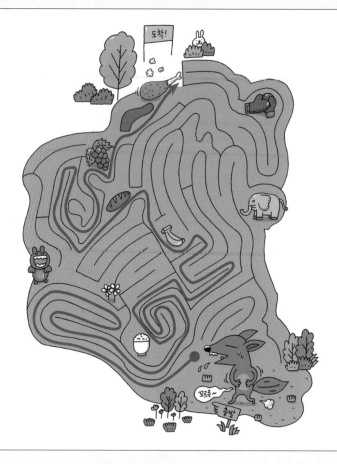

 부록 숨은 그림 찾기 142쪽

전 세계 어린이들이 가장 많이 읽는
영어동화 100편 시리즈

명작동화

과학동화

위인동화

더 경제적인 세트도 있어요!

영어교육과 교수님부터 영재연구소, 미국 초등 선생님까지 강력 추천!

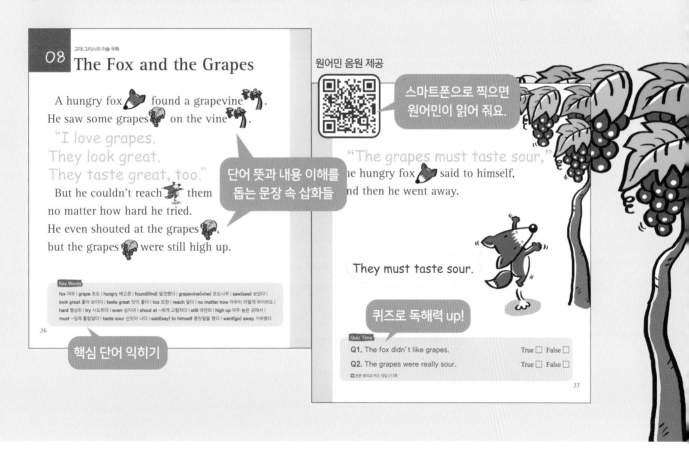

08 고대 그리스의 이솝 우화
The Fox and the Grapes

A hungry fox found a grapevine.
He saw some grapes on the vine.
"I love grapes.
They look great.
They taste great, too."
But he couldn't reach them
no matter how hard he tried.
He even shouted at the grapes,
but the grapes were still high up.

원어민 음원 제공

스마트폰으로 찍으면 원어민이 읽어 줘요.

단어 뜻과 내용 이해를 돕는 문장 속 삽화들

"The grapes must taste sour,"
the hungry fox said to himself,
and then he went away.

They must taste sour.

Key Words
fox 여우 | grape 포도 | hungry 배고픈 | found(find) 발견하다 | grapevine(vine) 포도나무 | saw(see) 보았다 | look great 좋아 보이다 | taste great 맛이 좋다 | too 또한 | reach 닿다 | no matter how 아무리 어떻게 하더라도 | hard 열심히 | try 시도하다 | even 심지어 | shout at ~에게 고함치다 | still 여전히 | high up 아주 높은 곳에서 | must ~임에 틀림없다 | taste sour 신맛이 나다 | said(say) to himself 혼잣말을 했다 | went(go) away 가버렸다

26

핵심 단어 익히기

퀴즈로 독해력 up!

Quiz Time

Q1. The fox didn't like grapes.   True ☐ False ☐

Q2. The grapes were really sour.   True ☐ False ☐

본문 해석과 퀴즈 정답 213쪽

27

 '나도 영어로 책을 읽을 수 있구나' 하는 자신감을 키워 줍니다.
– 박윤빈 원장님(용인 '투래빗 잉글리시')

바빠 시리즈 초등 학년별 추천 도서

학년	학기별 연산책 바빠 교과서 연산 학기 중, 선행용으로 추천!	나 혼자 푼다! 수학 문장제 학교 시험 서술형 완벽 대비!
1학년	·바쁜 1학년을 위한 빠른 교과서 연산 1-1 ·바쁜 1학년을 위한 빠른 교과서 연산 1-2	·나 혼자 푼다! 수학 문장제 1-1 ·나 혼자 푼다! 수학 문장제 1-2
2학년	·바쁜 2학년을 위한 빠른 교과서 연산 2-1 ·바쁜 2학년을 위한 빠른 교과서 연산 2-2	·나 혼자 푼다! 수학 문장제 2-1 ·나 혼자 푼다! 수학 문장제 2-2
3학년	·바쁜 3학년을 위한 빠른 교과서 연산 3-1 ·바쁜 3학년을 위한 빠른 교과서 연산 3-2	·나 혼자 푼다! 수학 문장제 3-1 ·나 혼자 푼다! 수학 문장제 3-2
4학년	·바쁜 4학년을 위한 빠른 교과서 연산 4-1 ·바쁜 4학년을 위한 빠른 교과서 연산 4-2	·나 혼자 푼다! 수학 문장제 4-1 ·나 혼자 푼다! 수학 문장제 4-2
5학년	·바쁜 5학년을 위한 빠른 교과서 연산 5-1 ·바쁜 5학년을 위한 빠른 교과서 연산 5-2	·나 혼자 푼다! 수학 문장제 5-1 ·나 혼자 푼다! 수학 문장제 5-2
6학년	·바쁜 6학년을 위한 빠른 교과서 연산 6-1 ·바쁜 6학년을 위한 빠른 교과서 연산 6-2	·나 혼자 푼다! 수학 문장제 6-1 ·나 혼자 푼다! 수학 문장제 6-2

'바빠 교과서 연산'과
'나 혼자 문장제'를
함께 풀면
한 학기 수학 완성!

학기별 계산력 강화 프로그램

바쁜 4학년을 위한 빠른 교과서 연산

초등학생을 위한 빠른 학습법 - 서술형 기본서

나 혼자 푼다! 수학 문장제 초등 4-2

5분 공부해도 15분 공부한 효과!
·친구들이 자주 틀린 연산을 모아 두는 게 비법!
·스스로 집중하는 목표 시계의 놀라운 효과!

·막막하지 않아요! 빈칸을 채우면 풀이와 답 완성!
·주관식부터 서술형까지, 학교 시험 걱정 해결!

짝 단어로 끝내는 collocation

바쁜 친구들이 즐거워지는
빠른 학습법

바빠
초등 영단어

3·4
학년용

warm spring flower garden

특별 부록

접이접이

영단어 쓰기 노트

그 날 공부한 단어를 스스로 시험 본 다음, **접어서 답을 확인**하세요.
틀린 단어만 오답 노트 칸에 다시 써 보며 정리하면 완성!

이지스에듀

바빠 초등 영어 일기 쓰기 | 15,000원

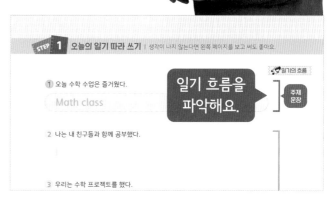

🐶 한 달 동안 집중적으로 학습하기 좋은 교재네요!

접이접이 영단어 쓰기 노트

하나, **접어서 쉽게 답을 확인**할 수 있어요!
둘, **틀린 단어만 오답 노트 칸에 정리**하니 효과적!

앞면 — 스스로 시험 보기 | 우리말 뜻 쓰기

1 한 페이지의 반을 접고, 또 반을 접은 다음 펼치세요.

2 영단어의 뜻을 써 보세요. 뜻이 생각나지 않으면 접어서 답(뜻)을 확인하면서 외우세요.

3 다 외우면, 아래처럼 접어 '뜻 시험 보기'를 하세요.

4 종이를 펼쳐서 채점한 후, '오답 노트' 칸에 틀린 단어와 뜻만 다시 쓰세요!

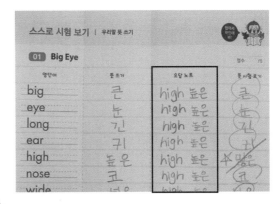

한 장씩 뜯어서 사용할 때는 앞면 사용법과 같습니다. 책을 뜯지 않고 사용할 때는 아래와 같이 사용하세요!

1 뜻에 알맞은 영단어를 '영단어 쓰기' 칸에 쓰세요.

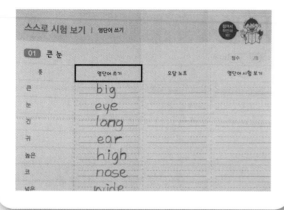

2 영단어가 생각나지 않으면 다음과 같이 접은 다음 앞면에서 답(영단어)을 확인하세요!

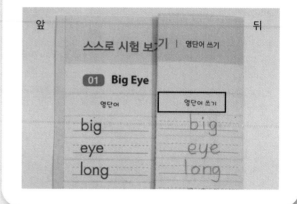

3 다 외우면, 아래처럼 접어 '영단어 시험 보기'를 하세요.

4 종이를 펼쳐서 채점한 후, '오답 노트' 칸에 틀린 단어와 뜻만 다시 쓰세요!

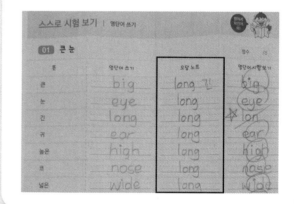

이렇게 공부하면
나만의 특별한 〈영단어 노트〉가 완성됩니다!
〈바빠 영단어〉 공부를 모두 마친 후에는,
오답 노트 위주로
틀린 단어만 다시 살펴보세요!
그럼 적은 시간을 공부해도
그 효과는 오래 지속될 거예요~

01 Big Eye

점수 /8

영단어	뜻 쓰기	오답 노트	뜻 시험 보기
big			
eye			
long			
ear			
high			
nose			
wide			
mouth			

02 Short Hair

점수 /8

영단어	뜻 쓰기	오답 노트	뜻 시험 보기
short			
hair			
pink			
cheek			
round			
chin			
thin			
lip			

01 큰 눈

점수 /8

뜻	영단어 쓰기	오답 노트	영단어 시험 보기
큰			
(한쪽) 눈			
긴			
(한쪽) 귀			
높은			
코			
넓은			
입			

02 짧은 머리

점수 /8

뜻	영단어 쓰기	오답 노트	영단어 시험 보기
짧은			
머리			
분홍색의, 분홍색			
(한쪽) 볼			
둥근			
턱			
얇은			
(한쪽) 입술			

03 Green Salad 점수 /8

영단어	뜻 쓰기	오답 노트	뜻 시험 보기
white			
rice			
black			
bean			
green			
salad			
brown			
bread			

04 Yellow Banana 점수 /8

영단어	뜻 쓰기	오답 노트	뜻 시험 보기
yellow			
banana			
red			
strawberry			
orange			
carrot			
violet			
grape			

03 녹색 샐러드

점수 /8

뜻	영단어 쓰기	오답 노트	영단어 시험 보기
흰, 하얀색			
밥			
검은, 검은색			
콩 (한 개)			
녹색의, 녹색			
샐러드			
갈색의, 갈색			
빵			

04 노란색 바나나

점수 /8

뜻	영단어 쓰기	오답 노트	영단어 시험 보기
노란, 노란색			
바나나			
빨간, 빨간색			
딸기			
주황색의, 주황색			
당근			
보라색			
포도 (한 알)			

05 Beautiful Mom

점수   /8

영단어	뜻 쓰기	오답 노트	뜻 시험 보기
tall			
dad			
beautiful			
mom			
nice			
brother			
pretty			
sister			

06 Kind Uncle

점수   /8

영단어	뜻 쓰기	오답 노트	뜻 시험 보기
kind			
uncle			
smart			
aunt			
lazy			
cousin			
cute			
baby			

05 아름다운 엄마

뜻	영단어 쓰기	오답 노트	영단어 시험 보기
키 큰			
아빠			
아름다운			
엄마			
멋진			
남자 형제			
예쁜			
여자 형제			

06 친절한 삼촌

뜻	영단어 쓰기	오답 노트	영단어 시험 보기
친절한			
삼촌			
똑똑한			
이모			
게으른			
사촌			
귀여운			
아기			

접어서
확인해
봐!

07 One O'clock 1:00

점수   /8

영단어	뜻 쓰기	오답 노트	뜻 시험 보기
one			
o'clock			
two			
three			
four			
five			
six			
seven			

08 Eight Nine 8:09

점수   /8

영단어	뜻 쓰기	오답 노트	뜻 시험 보기
eight			
nine			
ten			
eleven			
twelve			
thirteen			
fourteen			
fifteen			

07 1시 정각

뜻	영단어 쓰기	오답 노트	영단어 시험 보기
1, 하나			
~시, 정각			
2, 둘			
3, 셋			
4, 넷			
5, 다섯			
6, 여섯			
7, 일곱			

08 8시 9분

뜻	영단어 쓰기	오답 노트	영단어 시험 보기
8, 여덟			
9, 아홉			
10, 열			
11, 열하나			
12, 열둘			
13, 열셋			
14, 열넷			
15, 열다섯			

09 Hot Summer

점수 /8

영단어	뜻 쓰기	오답 노트	뜻 시험 보기
warm			
spring			
hot			
summer			
cool			
fall			
cold			
winter			

10 This Computer

점수 /8

영단어	뜻 쓰기	오답 노트	뜻 시험 보기
this			
computer			
that			
chair			
those			
pen			
these			
bag			

접어서 확인해 봐!

09 뜨거운 여름

점수   /8

뜻	영단어 쓰기	오답 노트	영단어 시험 보기
따뜻한			
봄			
뜨거운			
여름			
시원한			
가을			
추운			
겨울			

10 이 컴퓨터

점수   /8

뜻	영단어 쓰기	오답 노트	영단어 시험 보기
이, 이것			
컴퓨터			
저, 저것			
의자			
저(것)들의, 저것들			
펜			
이(것)들의, 이것들			
가방			

11 My Pencil

점수   /8

영단어	뜻 쓰기	오답 노트	뜻 시험 보기
my			
pencil			
your			
eraser			
his			
notebook			
her			
glue			

12 Their Ruler

점수   /8

영단어	뜻 쓰기	오답 노트	뜻 시험 보기
our			
clock			
their			
ruler			
its			
tail			
whose			
desk			

11 나의 연필

점수 /8

뜻	영단어 쓰기	오답 노트	영단어 시험 보기
나의			
연필			
너의			
지우개			
그의			
공책			
그녀의			
풀			

12 그들의 자

점수 /8

뜻	영단어 쓰기	오답 노트	영단어 시험 보기
우리의			
시계			
그들의			
자			
그것의			
꼬리			
누구의			
책상			

13 Sunday Morning

점수　　/8

영단어	뜻 쓰기	오답 노트	뜻 시험 보기
Sunday			
morning			
Monday			
afternoon			
Tuesday			
evening			
Wednesday			
night			

14 Thursday Breakfast

점수　　/8

영단어	뜻 쓰기	오답 노트	뜻 시험 보기
Thursday			
breakfast			
Friday			
lunch			
Saturday			
dinner			
weekend			
party			

13 일요일 아침

점수 　/8

뜻	영단어 쓰기	오답 노트	영단어 시험 보기
일요일			
아침, 오전			
월요일			
오후			
화요일			
저녁			
수요일			
밤			

14 목요일 아침밥

점수 　/8

뜻	영단어 쓰기	오답 노트	영단어 시험 보기
목요일			
아침(밥)			
금요일			
점심(밥)			
토요일			
저녁(밥)			
주말			
파티			

15 Fur Hat

점수 /8

영단어	뜻 쓰기	오답 노트	뜻 시험 보기
fur			
hat			
wool			
scarf			
sweater			
vest			
snow			
boot			

16 Table Tennis

점수 /8

영단어	뜻 쓰기	오답 노트	뜻 시험 보기
table			
tennis			
ice			
hockey			
horse			
riding			
foot			
baseball			

접어서
확인해
봐!

15 털모자

점수 /8

뜻	영단어 쓰기	오답 노트	영단어 시험 보기
털			
모자			
양털			
목도리			
스웨터			
조끼			
눈			
부츠 (한 짝)			

16 탁구

점수 /8

뜻	영단어 쓰기	오답 노트	영단어 시험 보기
탁자			
테니스			
얼음			
하키			
말			
타기			
발			
야구			

17 Soccer Shoe

점수 /8

영단어	뜻 쓰기	오답 노트	뜻 시험 보기
badminton			
racket			
swim			
cap			
soccer			
shoe			
boxing			
glove			

18 Taxi Driver

점수 /8

영단어	뜻 쓰기	오답 노트	뜻 시험 보기
animal			
doctor			
taxi			
driver			
airplane			
pilot			
movie			
actor			

17 축구화
점수 /8

뜻	영단어 쓰기	오답 노트	영단어 시험 보기
배드민턴			
라켓			
수영			
모자			
축구			
신발 (한 짝)			
권투			
장갑 (한 짝)			

18 택시 운전사
점수 /8

뜻	영단어 쓰기	오답 노트	영단어 시험 보기
동물			
의사			
택시			
운전사			
비행기			
조종사			
영화			
(남자) 배우			

19 Treasure Island

점수 /8

영단어	뜻 쓰기	오답 노트	뜻 시험 보기
ship			
captain			
picture			
map			
treasure			
island			
gold			
coin			

20 Little Prince

점수 /8

영단어	뜻 쓰기	오답 노트	뜻 시험 보기
little			
prince			
dark			
sky			
flower			
garden			
wise			
fox			

21

접어서
확인해
봐!

19 보물섬

점수 /8

뜻	영단어 쓰기	오답 노트	영단어 시험 보기
배			
선장			
그림			
지도			
보물			
섬			
금			
동전			

20 어린 왕자

점수 /8

뜻	영단어 쓰기	오답 노트	영단어 시험 보기
어린			
왕자			
어두운			
하늘			
꽃			
정원			
현명한			
여우			

21 Giant Man

점수 /8

영단어	뜻 쓰기	오답 노트	뜻 시험 보기
giant			
man			
great			
king			
many			
people			
strong			
rope			

22 Poor Princess

점수 /8

영단어	뜻 쓰기	오답 노트	뜻 시험 보기
magic			
mirror			
poor			
princess			
bad			
queen			
good			
hunter			

23

21 거대한 남자

점수 /8

뜻	영단어 쓰기	오답 노트	영단어 시험 보기
거대한			
남자			
위대한			
왕			
많은			
사람들			
강한			
밧줄			

22 불쌍한 공주

점수 /8

뜻	영단어 쓰기	오답 노트	영단어 시험 보기
요술			
거울			
불쌍한			
공주			
나쁜			
왕비			
좋은			
사냥꾼			

23 Brave Boy

점수 /8

영단어	뜻 쓰기	오답 노트	뜻 시험 보기
dangerous			
snake			
brave			
boy			
clever			
monkey			
wild			
rabbit			

24 First Bear

점수 /8

영단어	뜻 쓰기	오답 노트	뜻 시험 보기
first			
bear			
second			
deer			
third			
wolf			
fourth			
elephant			

접어서
확인해
봐!

23 용감한 소년

점수 /8

뜻	영단어 쓰기	오답 노트	영단어 시험 보기
위험한			
뱀			
용감한			
소년			
똑똑한			
원숭이			
야생의			
토끼			

24 첫 번째 곰

점수 /8

뜻	영단어 쓰기	오답 노트	영단어 시험 보기
첫 번째의			
곰			
두 번째의			
사슴			
세 번째의			
늑대			
네 번째의			
코끼리			

25 Fifth Rat

점수 /8

영단어	뜻 쓰기	오답 노트	뜻 시험 보기
fifth			
rat			
sixth			
turkey			
seventh			
giraffe			
eighth			
zebra			

26 Ninth Bat

점수 /8

영단어	뜻 쓰기	오답 노트	뜻 시험 보기
ninth			
bat			
tenth			
frog			
eleventh			
shark			
twelfth			
dolphin			

25 다섯 번째 주

점수   /8

뜻	영단어 쓰기	오답 노트	영단어 시험 보기
다섯 번째의			
쥐			
여섯 번째의			
칠면조			
일곱 번째의			
기린			
여덟 번째의			
얼룩말			

26 아홉 번째 박쥐

점수   /8

뜻	영단어 쓰기	오답 노트	영단어 시험 보기
아홉 번째의			
박쥐			
열 번째의			
개구리			
열한 번째의			
상어			
열두 번째의			
돌고래			

27 Fat Pig

점수 /8

영단어	뜻 쓰기	오답 노트	뜻 시험 보기
angry			
chicken			
fat			
pig			
milk			
cow			
ugly			
duck			

28 Korean Tiger

점수 /8

영단어	뜻 쓰기	오답 노트	뜻 시험 보기
Korean			
tiger			
American			
eagle			
British			
lion			
Australian			
kangaroo			

접어서
확인해
봐!

27 뚱뚱한 돼지

점수 /8

뜻	영단어 쓰기	오답 노트	영단어 시험 보기
화난			
닭			
뚱뚱한			
돼지			
젖			
(암)소			
못생긴			
오리			

28 한국의 호랑이

점수 /8

뜻	영단어 쓰기	오답 노트	영단어 시험 보기
한국의			
호랑이			
미국의			
독수리			
영국의			
사자			
호주의			
캥거루			

29 Sweet Potato

점수 /8

영단어	뜻 쓰기	오답 노트	뜻 시험 보기
sweet			
potato			
egg			
sandwich			
pork			
sausage			
meat			
pie			

30 Lemon Tea

점수 /8

영단어	뜻 쓰기	오답 노트	뜻 시험 보기
lemon			
tea			
chocolate			
milk			
fruit			
juice			
drinking			
water			

29 고구마

점수 /8

뜻	영단어 쓰기	오답 노트	영단어 시험 보기
달콤한			
감자			
달걀			
샌드위치			
돼지고기			
소시지			
고기			
파이			

30 레몬차

점수 /8

뜻	영단어 쓰기	오답 노트	영단어 시험 보기
레몬			
차			
초콜릿			
우유			
과일			
주스			
마시는			
물			

31 Movie Theater

점수   /8

영단어	뜻 쓰기	오답 노트	뜻 시험 보기
movie			
theater			
super			
hero			
free			
ticket			
pop			
corn			

32 Best Friend

점수   /8

영단어	뜻 쓰기	오답 노트	뜻 시험 보기
math			
teacher			
school			
nurse			
sleepy			
classmate			
best			
friend			

31 영화관

점수   /8

뜻	영단어 쓰기	오답 노트	영단어 시험 보기
영화			
극장			
최고의, 강력한			
영웅			
무료의			
티켓			
펑 하고 터지다			
옥수수			

32 최고의 친구

점수   /8

뜻	영단어 쓰기	오답 노트	영단어 시험 보기
수학			
선생님			
학교			
간호사			
졸린			
반 친구			
최고의			
친구			

33 Market Street

점수 /8

영단어	뜻 쓰기	오답 노트	뜻 시험 보기
market			
street			
new			
clothes			
cheap			
pants			
expensive			
shirt			

34 Left Hand

점수 /8

영단어	뜻 쓰기	오답 노트	뜻 시험 보기
left			
hand			
right			
arm			
middle			
finger			
sharp			
fingernail			

접어서
확인해
봐!

33 시장 길

점수 /8

뜻	영단어 쓰기	오답 노트	영단어 시험 보기
시장			
길			
새			
옷			
싼			
바지			
비싼			
셔츠			

34 왼손

점수 /8

뜻	영단어 쓰기	오답 노트	영단어 시험 보기
왼쪽의			
손			
오른쪽의			
팔			
가운데의			
손가락			
날카로운			
손톱			

35 Park Bench

점수 /8

영단어	뜻 쓰기	오답 노트	뜻 시험 보기
park			
bench			
bank			
clerk			
hospital			
car			
hotel			
room			

36 Clean Bathroom

점수 /8

영단어	뜻 쓰기	오답 노트	뜻 시험 보기
clean			
bathroom			
soap			
bubble			
soft			
towel			
tooth			
brush			

37

접어서
확인해
봐!

35 공원 벤치

점수   /8

뜻	영단어 쓰기	오답 노트	영단어 시험 보기
공원			
벤치			
은행			
직원			
병원			
차			
호텔			
방			

36 깨끗한 욕실

점수   /8

뜻	영단어 쓰기	오답 노트	영단어 시험 보기
깨끗한			
욕실			
비누			
거품			
부드러운			
수건			
이			
솔			

37 Glass Cup

점수   /8

영단어	뜻 쓰기	오답 노트	뜻 시험 보기
glass			
cup			
silver			
spoon			
plastic			
fork			
paper			
plate			

38 Mr. Stone

점수   /8

영단어	뜻 쓰기	오답 노트	뜻 시험 보기
Mr.			
Stone			
Ms.			
Love			
Mrs.			
Bell			
Miss			
Rose			

37 유리컵

점수 /8

뜻	영단어 쓰기	오답 노트	영단어 시험 보기
유리			
컵			
은			
숟가락			
플라스틱			
포크			
종이			
접시			

38 스톤 씨

점수 /8

뜻	영단어 쓰기	오답 노트	영단어 시험 보기
~ 씨			
돌			
(여성) ~ 씨			
사랑			
~ 부인			
종			
~ 양			
장미			

40

39 Excellent Father

점수   /8

영단어	뜻 쓰기	오답 노트	뜻 시험 보기
excellent			
father			
wonderful			
mother			
teenage			
son			
young			
daughter			

40 Homework

점수   /8

영단어	뜻 쓰기	오답 노트	뜻 시험 보기
moon			
light			
thunder			
storm			
home			
work			
cross			
walk			

39 뛰어난 아버지

점수 /8

뜻	영단어 쓰기	오답 노트	영단어 시험 보기
뛰어난			
아버지			
훌륭한			
어머니			
십대의			
아들			
어린			
딸			

40 숙제

점수 /8

뜻	영단어 쓰기	오답 노트	영단어 시험 보기
달			
빛			
천둥			
폭풍			
집			
일			
가로지르다			
걷다			

41 Very Happy

점수 /8

영단어	뜻 쓰기	오답 노트	뜻 시험 보기
very			
happy			
really			
hungry			
too			
sad			
so			
sorry			

42 Cricket Jump

점수 /8

영단어	뜻 쓰기	오답 노트	뜻 시험 보기
cricket			
jump			
dog			
bark			
mouse			
run			
bird			
sing			

41 매우 행복해

점수 /8

뜻	영단어 쓰기	오답 노트	영단어 시험 보기
매우			
행복한			
정말			
배고픈			
너무나			
슬픈			
너무			
미안한			

42 귀뚜라미 뛰다

점수 /8

뜻	영단어 쓰기	오답 노트	영단어 시험 보기
귀뚜라미			
뛰다(점프하다)			
개			
짖다			
쥐			
달리다			
새			
노래하다			

43 Plane Fly

점수 /8

영단어	뜻 쓰기	오답 노트	뜻 시험 보기
plane			
fly			
train			
start			
bus			
stop			
boat			
sail			

44 Sun Shine

점수 /8

영단어	뜻 쓰기	오답 노트	뜻 시험 보기
sun			
shine			
cloud			
cover			
rain			
come			
wind			
blow			

43 비행기 날다

점수   /8

뜻	영단어 쓰기	오답 노트	영단어 시험 보기
비행기			
날다			
기차			
출발하다			
버스			
멈추다			
배			
항해하다			

44 해 비추다

점수   /8

뜻	영단어 쓰기	오답 노트	영단어 시험 보기
해			
비추다			
구름			
덮다			
비			
오다			
바람			
불다			

45 Wash Face

점수 /8

영단어	뜻 쓰기	오답 노트	뜻 시험 보기
wash			
face			
wear			
dress			
put			
lotion			
have			
soup			

46 Watch TV

점수 /8

영단어	뜻 쓰기	오답 노트	뜻 시험 보기
open			
window			
close			
curtain			
watch			
TV			
make			
food			

45 얼굴 씻다

점수   /8

뜻	영단어 쓰기	오답 노트	영단어 시험 보기
씻다			
얼굴			
입다			
옷			
바르다			
로션			
먹다			
수프			

46 텔레비전 보다

점수   /8

뜻	영단어 쓰기	오답 노트	영단어 시험 보기
열다			
창문			
닫다, 치다			
커튼			
보다			
텔레비전			
만들다			
음식			

47 Push Door

점수 /8

영단어	뜻 쓰기	오답 노트	뜻 시험 보기
push			
door			
catch			
fish			
kick			
can			
climb			
mountain			

48 Read English

점수 /8

영단어	뜻 쓰기	오답 노트	뜻 시험 보기
read			
English			
hear			
Chinese			
speak			
Japanese			
write			
French			

접어서
확인해
봐!

47 문 밀다

점수 /8

뜻	영단어 쓰기	오답 노트	영단어 시험 보기
밀다			
문			
잡다			
물고기			
차다			
깡통			
오르다			
산			

48 영어 읽다

점수 /8

뜻	영단어 쓰기	오답 노트	영단어 시험 보기
읽다			
영어			
듣다			
중국어			
말하다			
일본어			
쓰다			
프랑스어			

49 Study Hard

점수 /8

영단어	뜻 쓰기	오답 노트	뜻 시험 보기
study			
hard			
eat			
much			
play			
with			
sleep			
well			

50 Book about ~

점수 /8

영단어	뜻 쓰기	오답 노트	뜻 시험 보기
book			
about			
answer			
to			
photo			
of			
test			
on			

접어서
확인해
봐!

49 열심히 공부하다

점수 /8

뜻	영단어 쓰기	오답 노트	영단어 시험 보기
공부하다			
열심히			
먹다			
많이			
놀다			
~와 함께			
자다			
잘			

50 ~에 관한 책

점수 /8

뜻	영단어 쓰기	오답 노트	영단어 시험 보기
책			
~에 관한			
답			
~에 대한			
사진			
~의			
시험			
~에 관한			

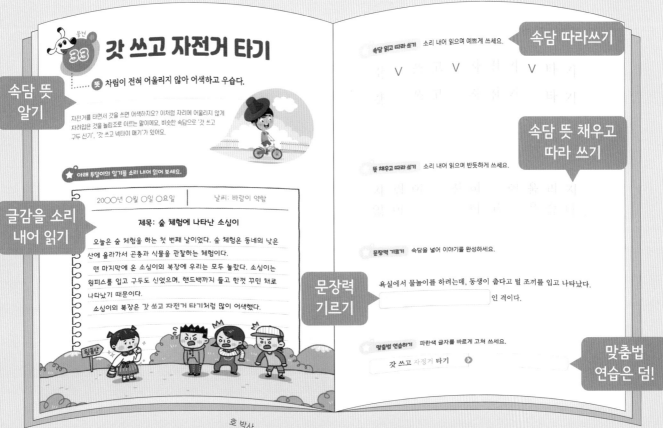

짝 단어로 끝내는 바빠 초등 영단어 3·4 학년용

바쁜 친구들이 즐거워지는 **빠른** 학습서

영역별 연산책 바빠 연산법
방학 때나 학습 결손이 생겼을 때~

- · 바쁜 1·2학년을 위한 빠른 **덧셈**
- · 바쁜 1·2학년을 위한 빠른 **뺄셈**
- · 바쁜 초등학생을 위한 빠른 **구구단**
- · 바쁜 초등학생을 위한
  빠른 **시계와 시간**

- · 바쁜 초등학생을 위한
  빠른 **길이와 시간 계산**
- · 바쁜 3·4학년을 위한 빠른 **덧셈/뺄셈**
- · 바쁜 3·4학년을 위한 빠른 **곱셈**
- · 바쁜 3·4학년을 위한 빠른 **나눗셈**
- · 바쁜 3·4학년을 위한 빠른 **분수**
- · 바쁜 3·4학년을 위한 빠른 **소수**
- · 바쁜 3·4학년을 위한 빠른 **방정식**

- · 바쁜 5·6학년을 위한 빠른 **곱셈**
- · 바쁜 5·6학년을 위한 빠른 **나눗셈**
- · 바쁜 5·6학년을 위한 빠른 **분수**
- · 바쁜 5·6학년을 위한 빠른 **소수**
- · 바쁜 5·6학년을 위한 빠른 **방정식**
- · 바쁜 초등학생을 위한 빠른
  **약수와 배수, 평면도형 계산,
  입체도형 계산, 자연수의 혼합 계산,
  분수와 소수의 혼합 계산, 비와 비례,
  확률과 통계**

바빠 국어/ 급수한자
초등 교과서 필수 어휘와 문해력 완성!

- · 바쁜 초등학생을 위한 빠른 **맞춤법 1**
- · 바쁜 초등학생을 위한
  빠른 **급수한자 8급**
- · 바쁜 초등학생을 위한 빠른 **독해 1, 2**

- · 바쁜 초등학생을 위한 빠른 **독해 3, 4**
- · 바쁜 초등학생을 위한 빠른 **맞춤법 2**
- · 바쁜 초등학생을 위한
  빠른 **급수한자 7급 1, 2**

- · 바쁜 초등학생을 위한
  빠른 **급수한자 6급 1, 2, 3**
- · 보일락 말락~ 바빠 급수한자판
  + 6·7·8급 모의시험

- · 바빠 초등 한자 총정리
- · 바쁜 초등학생을 위한 빠른 **독해 5, 6**

재미있게 읽다 보면
나도 모르게
교과 지식까지 쑥쑥!

바빠 영어
우리 집, 방학 특강 교재로 인기 최고!

- · 바쁜 초등학생을 위한 빠른 **알파벳 쓰기**
- · 바쁜 초등학생을 위한
  빠른 **영단어 스타터 1, 2**
- · 바쁜 초등학생을 위한
  빠른 **사이트 워드 1, 2** 유튜브 강의 제공
- · 바쁜 초등학생을 위한 빠른 **파닉스 1, 2**

- · 전 세계 어린이들이 가장 많이 읽는
  영어동화 100편 : 명작/과학/위인동화
- · 짝 단어로 끝내는 바빠 **초등 영단어**
  — 3·4학년용
- · 바쁜 3·4학년을 위한 빠른 **영문법 1, 2**
- · 바빠 초등 필수 **영단어**
- · 바빠 초등 필수 **영단어 트레이닝**
- · 바빠 초등 **영어 교과서 필수 표현**
- · 바빠 초등 **영어 일기 쓰기**

- · 짝 단어로 끝내는 바빠 **초등 영단어**
  — 5·6학년용
- · 바빠 초등 **영문법** — 5·6학년용 1, 2, 3
- · 바빠 초등 **영어시제 특강** — 5·6학년용
- · 바쁜 5·6학년을 위한 빠른 **영작문**
- · 바빠 초등 하루 5문장 **영어 글쓰기 1, 2**

바빠 초등 파닉스 리딩

바빠 초등 파닉스 리딩 1, 2 | 각 권 13,000원 | 세트 25,000원

'바빠 초등 파닉스 리딩' 1권은 알파벳 소릿값과 단모음, 2권은 장모음과 이중 글자를 배워요.